# Innovar o morir

## Estrategias de éxito para competir en mercados saturados

# MARIO BORGHINO

# Innovar o morir

### Estrategias de éxito para competir
### en mercados saturados

**Grijalbo**

**Innovar o morir**
*Estrategias de éxito para competir en mercados saturados*

Primera edición para México: septiembre, 2008
Primera edición para Estados Unidos: diciembre, 2008

D. R. © 2008, Mario Borghino

D. R. © 2008, derechos de edición mundiales en lengua castellana:
    Random House Mondadori, S. A. de C. V.
    Av. Homero núm. 544, Col. Chapultepec Morales,
    Delegación Miguel Hidalgo, 11570, México, D. F.

www.rhmx.com.mx

Comentarios sobre la edición y contenido de este libro a:
literaria@randomhousemondadori.com.mx

ISBN 978-030-739-261-9

Impreso en México / *Printed in Mexico*

Distributed by Random House, Inc.

*Para Blanca Aurora,*
*en memoria*
*de su creatividad*
*e innovación en la vida*

# ÍNDICE

# ÍNDICE

# Introducción

Este libro es producto de las múltiples asesorías que he realizado a presidentes de grandes compañías. También es el resultado de haber apoyado a muchos emprendedores que, con el afán de progresar y tener éxito en sus negocios, buscaron soluciones a través de asesorías personales que les permitieran tener una forma de pensar distinta para visualizar caminos de éxito.

Mi experiencia de más de 32 años como consultor me ha permitido asesorar a todo tipo de ejecutivos, así como ser consejero para la implementación estratégica de gobierno de uno de los presidentes de México. He apoyado a gobernadores en sus proyectos regionales y a secretarios de Estado en la implementación estratégica de sus administraciones. E igualmente he asesorado a ejecutivos de grandes compañías en España, Canadá, Estados Unidos y en más de 14 países de Latinoamérica.

El contenido de este libro es producto de la ejecución práctica y no de recopilaciones de estudios que han realizado pensadores de universidades famosas. Las estrategias que desarrollo son resultado de la observación y de múltiples ensayos que he realizado en cientos de empresas junto con sus directores, dueños o fundadores.

Todas estas estrategias no sólo han sido diseñadas en mis asesorías privadas, sino también fueron estrategias de éxito que han aplicado ejecutivos y dueños de empresas con los que he trabajado en más de 30 años de actividad profesional.

Para facilitar su puesta en práctica, presento las 19 estrategias que considero son las de mayor impacto, y de éxito probado, para crecer en un mercado saturado de productos y servicios como en el que nos encontramos, aunque tengo más de 40 identificadas, dependiendo de las zonas, giros y países.

En mi experiencia he confirmado que no existe una sola estrategia para resolver los problemas de una organización. Incluso he comprobado que dos empresas de un mismo giro pueden aplicar estrategias distintas y ambas tener éxito. Esto significa que no existe una receta única para todas las empresas, negocios o comercios con perfiles similares. Le aconsejo que observe mis estrategias como PRINCIPIOS que fueron aplicados en una empresa en lo particular. Obviamente no pretendo ejemplificar con ellos a su tipo de empresa, negocio o comercio. Es necesario, por tanto, que realice una adaptación del ejemplo. Tome en cuenta que los ejemplos ilustran PRINCIPIOS que, como tales, tienen validez universal y pueden ser aplicados en cualquier empresa o institución sin importar su dimensión o el país al que pertenece.

También lo invito a considerar la aplicación de varias estrategias en conjunto para resolver sus problemas. Las soluciones en el mundo globalizado requieren de un conjunto de acciones que permita no sólo identificar la estrategia, sino también definir una buena estrategia de ejecución. Espero que al concluir mi libro no sólo haya encontrado una estrategia que ayude a su negocio, sino que piense diferente y visualice de forma distinta las variables que están afectando a su negocio y a nuestro mercado altamente saturado de competidores y productos similares al suyo. Si así fuere, habré logrado que su mente haya cambiado y también su visión del mercado. Sin duda este cambio lo inducirá a tomar decisiones estratégicas distintas. Le deseo mucha suerte y mucho éxito dentro del negocio en el que usted se encuentre y disfrute de mis reflexiones.

# CAPÍTULO 1

# El cambio cambió

EN ESTE CAPÍTULO:

- Comprenderá las consecuencias de estar inscrito en un mercado sobresaturado y sobrestimulado.
- Identificará que la nueva regla del juego es que ya no hay reglas en un mundo saturado.
- Sabrá por qué ha crecido exponencialmente el número de consumidores en el mercado.
- Identificará las oportunidades que existen para usted en un mundo donde ha aumentado el consumo de productos por persona como nunca antes se había visto en el mundo.
- Podrá identificar las oportunidades que existen en la expansión del mercado hacia la base de la pirámide del consumidor.
- Conocerá la tendencia de crecimiento futuro del mercado consumidor.
- Podrá adquirir una nueva visión de oportunidades para su negocio, frente al mercado altamente congestionado, de productos y competidores, similares al suyo.

> La nueva regla del juego en mercados saturados es que ya no hay reglas.
>
> Mario Borghino

## Las reglas del juego están cambiando

Cuando yo era joven recuerdo que en mi casa se planeaba con mucha anticipación lo que mis padres querían adquirir. En aquellos años sesenta disfrutábamos, pero también cuidábamos nuestras compras, ya que lo comprado tenía que durar muchos años. Todo se lograba con esfuerzo, ahorro planeado y lo que se compraba era considerado un activo en el que se invertía a largo plazo.

Cuando queríamos escuchar música nos reuníamos ante un mueble muy grande, con radio, tornamesa y sonido estereofónico, y ahí poníamos discos de pasta negra para escuchar nuestras canciones favoritas. Ésa era nuestra diversión. Recuerdo nuestro primer televisor: éramos los únicos entre los vecinos que teníamos uno y todos mis amigos y yo nos reuníamos para ver los programas en un televisor *Philco* que duró dieciséis años.

Cincuenta años después todo cambió. Hoy en cualquier casa existen varios equipos para escuchar música, varios televisores, varios carros, muchos teléfonos y una línea de internet para comunicarnos con los amigos y el mundo en tiempo real.

Hoy nos encontramos con una enorme cantidad de satisfactores para entretenernos y estar informados. Estamos sobreinformados, sobretecnificados y con la facilidad de adquirir los productos de manera mucho más fácil de lo que nuestros padres pudieron imaginar.

Tenemos más pares de zapatos de los que podemos usar, más ropa de la que podemos desgastar y más autos de los que podemos manejar. En suma, estamos en el mundo del exceso, en un mundo con múltiples alternativas para satisfacer una misma necesidad.

Estamos sobrestimulados por la mercadotecnia y la publicidad; estamos bombardeados por múltiples formas a través de los medios de comunicación, radio, revistas, e-mail, *YouTube* y muchos más. Son tales las opciones de compra que tenemos, que los productos comienzan a ser más efímeros.

Nos sobresaltamos cuando vemos nuevos productos que hacen cosas diferentes; por ejemplo: equipos electrónicos con nuevos dispositivos, más atractivos, que consumimos aunque no los necesitemos. Las señales de la sobresaturación de productos se encuentran en todos los segmentos y en todos los niveles sin excepción. No sólo la población del mundo se cuadriplicó desde 1900, sino que la cantidad de productos creció mucho mas rápido en los últimos 100 años en todos los rincones del planeta.

Tenemos productos para todos los niveles económicos y sociales del planeta. En la época de mis padres era muy claro que existían productos que no podían ser adquiridos por ciertas clases sociales. Los mercados estaban muy bien demarcados.

Hoy existen miles de alternativas no sólo para los muy ricos, sino también para los nuevos ricos y un poco menos ricos, y así sucesivamente hasta los niveles más bajos de capacidad de compra. Hoy la escala es infinita, la división de productos por clases sociales ha cambiado drásticamente. Debemos entender que en los mercados en los que vivimos "La regla es"…que "ya no hay reglas". La imaginación, la creatividad, la invasión de productos es el nombre del juego. Diseñar productos a discreción ha sido la norma del juego de los últimos 30 años.

Los empresarios deben comprender que:

(1). "El número de consumidores ha crecido exponencialmente"

(2). "El volumen de productos por consumidor también incrementó".

## (1). EL NÚMERO DE CONSUMIDORES HA CRECIDO EXPONENCIALMENTE.

Es de todos sabido que los chinos descubrieron la magia de hacer crecer el número de consumidores en el mundo.

Hasta hace veinte años las potencias industriales, Japón, Estados Unidos, Europa, producían sólo para la clase media y alta. Ése era su foco. Estas naciones compitieron despiadadamente en los últimos cien años en todo tipo de productos para ese sector del mercado tradicional.

La concepción mercadológica de aquellos días era clara: "los pobres no tenían dinero para adquirir nuestros productos". Por consiguiente, se focalizaron en el 80/20 del mercado consumidor con ingresos suficientes para adquirir sus productos.

La mayoría de los fabricantes en los años noventa se enfrentaron a la realidad de que ya no encontraban espacio para crecer en ese sector, puesto que ya lo tenían muy bien estudiado por los mercadólogos e investigadores de la economía del mercado consumidor.

Los mercadólogos han ido segmentando muy bien el mercado en A, AB, B, C, CD, D. Otros más sofisticados los categorizan en C+, B+, D+ y en muchas otras segmentaciones estudiadas a través de análisis matemáticos para graficar la variabilidad de los mercados a través de complejas investigaciones. Estos genios matemáticos usaban fórmulas complejas para identificar las tendencias del mercado futuro en cuestión.

Pero esta segmentación sofisticada del mercado no les fue suficiente a los países industrializados para visualizar otros segmentos de mercado, que a través de los números no pudieron identificar. Por lo tanto, estos países ricos lograron saturar eficientemente el segmento económico con capacidad de compra según la nomenclatura de los expertos mercadólogos de esos años.

Pero curiosamente no fueron los países desarrollados los que vieron la gran oportunidad del mercado masivo: fue China. Ellos fueron los precursores de una revolucionaria y particular forma de ver el mercado consumidor, llamado: "El mercado de la base de la pirámide".

Reflexione usted por un instante cuántas miles de veces se multiplicó el mercado consumidor cuando la industria china se enfocó en productos para el mercado de bajo precio.

Países industrializados, artífices del modelo comercial diseñado exclusivamente para la clase media y alta del mundo, comenzaron a darse cuenta de que su miopía nunca les permitió ver el inmenso mercado que estaba ante sus ojos. Tardaron en saberlo y puedo confirmarle que muchos de ellos, aun hoy en el siglo XXI, no han comprendido esta nueva situación del mercado en que se encuentran.

Aunque el sentido común les permite a muchos ejecutivos entender la oportunidad que existe, sus viejos paradigmas les impiden establecer una estrategia eficiente para hacer dinero en ese segmento del mercado. Crear modelos comerciales y económicos partiendo de la base económica de la pirámide hacia arriba es para muchos un dolor de cabeza. No pueden conceptualizar modelos contrarios de los que aprendieron en las universidades donde estudiaron.

> La clave del nuevo mercado se encuentra en la base de la pirámide

Cuántos empresarios no habrán dicho hace algunos años que su jabón en polvo no era para la base de la pirámide, porque en ese segmento no tienen lavadoras, o que las clases con escasos recursos no usan perfumes sofisticados porque no tienen dinero, siendo lo más importante para ellas comer y vestir. Otros habrán concluido que no podían venderles comida para perros porque primero comen ellos antes que el perro. Por consiguiente, en la base de la pirámide no había mercado para sus productos. Tampoco les vendían automóviles, ya que cuando mucho usan el metro, ni les vendían boletos de avión pues escasamente podían pagar un boleto de autobús de pasajeros.

La imagen del segmento de mercado de la base de la pirámide creada con conceptos como "pobre, barato, baja calidad y mal servicio" les hizo perder la visión del gran potencial existente en dichos segmentos.

Hoy los chinos, hindúes, rusos y seguramente brasileños son las potencias emergentes que podrán atender las necesidades de más de cinco mil millones de consumidores, que los países desarrollados ignoraron en los últimos cien años. El autor C.K. Prahalad escribió un libro titulado *La oportunidad de los negocios en la base de la pirámide*, en el que dice:

- La relación precio-beneficio deberá cambiar en la base de la pirámide. Los precios bajos se verán compensados por el volumen de ventas que obtendrán en este segmento.
- La tecnología deberá aplicarse en los productos que se comercialicen en este segmento para reducir sus costos de operación, distribución y empaque.
- El modelo de canales de distribución deberá cambiar.
- La funcionalidad de los productos y la promoción en el punto de venta tendrá que ser diferente.
- La forma de entregar los productos deberá modificarse del modelo tradicional de mercados de clase media y alta.
- Los procesos deberán cambiar, ya que el nivel educativo es diferente y el producto necesita atender la cultura de compra del nivel socioeconómico y también crear una educación de uso y aplicación.

- Los modelos económicos de rentabilidad y precio por producto deberán ser a través de medios de créditos diferentes.
- Muchos posibles usuarios de productos o servicios serán usuarios por primera vez; por tal razón deberán tener procesos acordes a esa condición del mercado. Un ejemplo evidente de esta situación son las aerolíneas de bajo costo que han invadido el mundo. Ellas se enorgullecen en decir que el 38% de las personas que compran sus boletos nunca antes habían viajado en avión.

El descubrimiento del modelo que indica cómo atender el mercado de la base de la pirámide desarrollado por los chinos ha cambiado para siempre la concepción del marketing.

Durante siglos han existido productos para ese nivel, pero nunca fueron vistos con buenos ojos por las grandes corporaciones mundiales. Por lo tanto, nunca hicieron un gran esfuerzo para crecer en él. Sin embargo, esto constituye una gran oportunidad para nuevos comerciantes y empresarios, que con mucha iniciativa y recursos moderados pueden crecer en este segmento con un modelo de negocio diferente del tradicional.

Ahora sí podemos decir que estamos ante el momento histórico en el que el mundo industrial por primera vez está atendiendo el 80/20 del mercado consumidor.

Éste será un gran reto para quienes ven muy clara la oportunidad; sin embargo, muchos no logran articular una buena estrategia que les permita hacer el gran dinero en ese sector.

(2). EL VOLUMEN DE PRODUCTOS POR CONSUMIDOR AUMENTÓ.

Dada la cantidad de productos que existen en el mercado, el consumidor cambió sus hábitos de compra. El consumidor quiere tener lo último en todo, el último diseño, la última tendencia, algo que lo distinga y lo haga sentir que está a la moda sin importar el nivel socioeconómico al que pertenezca.

> La tecnología
> y el precio tienen
> que estar al alcance
> del consumidor
> masivo

Curiosamente en este siglo XXI, al consumidor no le interesa comprar un producto que dure muchos años. La tecnología, la moda, los diseños cambian con mayor rapidez y envejecen rápido.

A nadie hoy le importa que su televisor viva quince años como en casa de mis padres. La tecnología y el precio tienen que estar al alcance del consumidor masivo y no sólo para los nichos de clase media o media alta o alta, según las viejas definiciones del mercado.

El consumidor hoy es un consumista por definición en todos los niveles, no importa si gana mucho o poco dinero. Al consumidor le atrae comprar y utilizar sus líneas de crédito aunque luego viva angustiado por ello. Paralelamente hemos observado en los mercados que la diversidad de productos ha aumentado las posibilidades de compra casi a cualquier nivel socioeconómico.

Los fabricantes han creado una enorme cantidad de productos para que el cliente consuma con mayor frecuencia y en mayor cantidad, como nunca se había visto en el mundo.

La pregunta que todo empresario debe hacerse es: ¿continuaremos creciendo al mismo ritmo? Probablemente no: continuaremos creciendo, pero no con la misma velocidad. Esto nos indica que estamos viviendo una nueva realidad económica, en la que nuevas variables se están conjuntando y están afectando al mundo:

- El incremento acelerado de precios del petróleo.
- El crecimiento vertiginoso del mercado asiático.
- La globalización de empresas no tradicionales y no sólo de países desarrollados.
- La concentración del poder en megaempresas, las cuales han alcanzado más poder económico que muchos países.
- La inflación mundial.
- La peligrosa desaceleración de la economía americana.

- La comunidad europea se ha visto beneficiada por la fortaleza del euro ante el dólar.
- La amenaza de escasez del petróleo y agua en los próximos 20 años y la búsqueda de productos sustitutos.
- El avance de países emergentes que están despertando y quitando mano de obra a los países ricos.
- La tecnología ha hecho al mundo más aldea de lo que ya éramos.
- La competencia de los asiáticos ante las grandes potencias.
- La transformación de algunos empresarios en megamillonarios, que ya entendieron las nuevas reglas de hacer dinero.

En suma muchas variables están en juego haciendo más compleja la capacidad de predicción para los empresarios.

Lo que sí saben los grandes empresarios es que deben subirse a la ola del mercado global de inmediato y dejar de competir sólo localmente. Algunos lo han hecho tan bien que se han transformado en auténticos monopolios locales, dominando su ramo, pero también pelean en las grandes ligas mundiales con los mercados globales.

> Los grandes empresarios deben subirse a la ola del mercado global

Los pequeños y medianos tendrán que ser proveedores de las grandes industrias y necesitarán diversificar sus productos, tener alta calidad y servicio, y concentrarse en el mercado de nichos donde puedan diferenciarse ante los grandes jugadores, ya que su tamaño les permitirá responder con mayor velocidad y atención más personalizada.

Es probable que muchas empresas no hayan dimensionado aún la gravedad del tema a enfrentar y sólo deseen continuar en el mercado tradicional que los vio crecer, o en el modelo de negocio que los enriqueció. Es decir, sólo hacen ajustes estratégicos disfrazados de innovación.

Es tiempo de comenzar a cuestionar el modelo estratégico y comercial de su empresa. También debe cuestionar la idea que usted tiene de lo que significa crecer y debe adoptar la que le permita diseñar una nueva ecuación en su negocio para atender un mundo saturado de productos y servicios igual al suyo, dispuestos a todo con tal de ganar.

# CAPÍTULO 2

# Transforme las amenazas
# en oportunidades

Los competidores están al acecho de un momento de incertidumbre, un instante de distracción, un error de estrategia para asestar su golpe.

Mario Borghino

## Riesgos estratégicos

En un mundo altamente saturado de competidores que ofrecen lo mismo que usted, es necesario analizar el riesgo que corre su empresa con la estrategia que tiene definida. Tradicionalmente cuando se habla en una empresa de "administrar riesgos", nos referimos a alguien encargado de problemas inesperados: atentados terroristas, terremotos, siniestros u otros. También pensamos en aquellos que tienen que ver con el manejo de productos en el área de manufactura, operación del negocio o de riesgos de tipo financiero, donde el robo de información o espionaje es una amenaza constante.

> Los competidores están al acecho de una distracción o un error de estrategia para asestar su golpe

En las condiciones en que el mundo de los negocios se está comportando, es necesario que usted piense en el riego que corre su empresa con su definición estratégica.

Aunque sea un emprendedor con su negocio, la rapidez con que un competidor aprovecha un error de nuestra estrategia es tan letal que hace imposible recuperarse.

Hace 23 años un error como el cambio de *Coca Cola Classic* por la *New Coke*, que pudo ser corregido a tiempo en aquellos días (julio de 1985), hoy no podría recuperarse de igual forma ante un mercado tan feroz y agresivo.

Los competidores están al acecho de un momento de incertidumbre, un instante de distracción o un error de estrategia para asestar su golpe. Una prueba de ello es la velocidad con que hoy las empresas dejan de crecer o desaparecen, absorbidas por otras más rápidas y listas en el mercado. En México el 95% de las empresas que se abren cierran luego de cinco años de operación. La competencia es tan feroz que para administrar un negocio se requieren ciertas competencias mínimas para poder subsistir y no ser arrasados.

En los últimos doce años, 170 de las 500 empresas de la revista *Fortune* perdieron el 50% de su valor en el mercado en treinta días. La vulnerabilidad de las empresas es cada día mayor. La disciplina de la administración de las crisis estratégicas es cada día más trascendental; en la mayoría de los casos ello determina la permanencia de la empresa en el mercado.

Por lo tanto, hay algunos riesgos competitivos que usted debe considerar como indicativos de los riesgos potenciales:

—— ¿Clientes importantes han emigrado a la competencia en los últimos años?

—— ¿Han surgido nuevos competidores que han crecido más rápido que usted en porcentaje?

—— ¿Han tenido proyectos importantes que no han funcionado?

—— ¿Sus utilidades han disminuido consistentemente en los últimos años?

—— ¿Su empresa ha dejado de crecer al ritmo que antes tenía?

—— ¿Su tecnología no ha avanzado como la de sus competidores?

Cualquiera de estos incisos anteriores será motivo de una crisis potencial si no se toman medidas a tiempo.

La mayoría de los fracasos de una empresa surgen cuando los ejecutivos comienzan a dar una explicación académica de lo que sucede en el mercado.

> Los mayores riesgos para su empresa se encuentran al interior de ella, en la estrategia que usted está aplicando

En realidad lo que están realizando es un análisis intelectual, un análisis lineal de la situación. Lo curioso del tema es que el análisis está basado en una amenaza real del entorno que implica un alto riesgo para la empresa. Pero la explicación es un análisis descriptivo de lo que sucede en el entorno, más que una toma de conciencia del error estratégico en el que está incurriendo la empresa.

Los fundamentos pueden estar bien sustentados en realidades comprobables, pero la causa real no se encuentra en el mercado sino dentro de la empresa. La mayoría de las empresas hacen caso omiso a los llamados del mercado a cuestionar su modelo estratégico.

Por el contrario, los ejecutivos comienzan a demostrar a la dirección (defendiendo sus intereses personales) una serie de fundamentos que explican por qué el mercado se comporta como tal y no cuestionan de qué manera nuestra estrategia no está alineada con las tendencias del entorno. Uno de los síntomas más comunes de un riesgo estratégico se denota cuando las empresas pierden consistentemente sus utilidades, ya sea porque tienen que bajar sus precios, o porque sus costos se han incrementado o porque han surgido nuevos competidores queriendo comprar mercado. Los síntomas son muy evidentes, pero no son dimensionados como un error interno, sino como un comportamiento distinto del mercado o como una reacción agresiva de los competidores, de los que se cree tienen estrategias poco ortodoxas. La explicación la buscan fuera y no dentro de la empresa, aunque las evidencias son obvias y permiten explicar la falta de resultados. Lamentablemente las empresas pagan muy caro este error.

Quisiera dar un ejemplo del impacto que tiene omitir los datos que nos anuncian una crisis potencial.

El 11 de septiembre de 2001 el *New York Times* publicó el siguiente artículo relacionado con los aviones que se estrellaron en el World Trade Center de Nueva York.

Decía así:

El 11 de septiembre de 2001, cuando unos fanáticos tomaron aviones de pasajeros y los estrellaron contra las Torres Gemelas, resultó una sorpresa terrible para casi todo el mundo.

Era bien sabido que muchos militantes islámicos estaban dispuestos a convertirse en mártires de su causa y que su odio y agresividad hacia Estados Unidos había aumentado durante los noventa.

En 1993, en un intento por destruir el World Trade Center, estalló un coche bomba en el estacionamiento. En 1995, otros terroristas secuestraron un avión de Air France e intentaron estrellarlo contra la Torre Eiffel. También en 1995, el gobierno estadounidense se enteró de un intento terrorista islámico, que fracasó al querer secuestrar 11 aviones comerciales estadounidenses sobre el Océano Pacífico de manera simultánea, teniendo el propósito de estrellar un avión ligero lleno de explosivos en el cuartel general de la cia, cercano a Washington, D. C.

Entretanto docenas de reportes del gobierno federal proporcionaron pruebas muy completas de que el sistema de seguridad de la aviación estadounidense tenía fallas. Cualquier persona que volara de manera regular sabía lo sencillo que era abordar un avión con navajas pequeñas que podían usarse como armas.

Pero a pesar de las señales, no se adoptaron disposiciones precautorias. Nadie dio prioridad a rectificar las debilidades de seguridad en el sistema de aviación dado que nunca había sucedido nada igual. Por lo tanto, no se hizo nada hasta que el acontecimiento sucedió.

Éste es un caso que muestra una vez más las evidencias de una crisis potencial, de la cual se hace caso omiso a las evidencias.

Muchas empresas ignoran las señales del entorno aun teniendo información de los focos rojos, y sólo reaccionan cuando disminuyen drásticamente sus utilidades o algo muy inesperado afecta las finanzas de la empresa.

Tal fue el caso de IBM, que en el año de 1993 sus ingresos netos disminuyeron a menos de 8 000 millones de dólares. IBM dirigida en esos días por John Akers, necesitó de una crisis en sus finanzas para tomar conciencia de que su modelo estratégico estaba aniquilando a la empresa. Sólo así reaccionaron y su nuevo director, Louis Gerstner, logró magistralmente redimensionar la estrategia y poner al gigante azul en su carril de éxito cuatro años más tarde. Si desea saber más de tal hazaña le recomiendo leer el libro: *Who Says Elephants Can't Dance?*, escrito por el mismo Louis Gerstner.

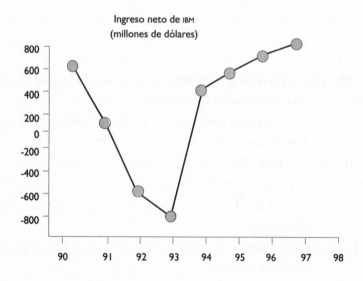

En mi experiencia como consultor he observado que muchas empresas que considero exitosas tienen desarrollado un modelo que les permite escanear síntomas en el mercado en etapas tempranas, lo que les permite interceptar los problemas y tomar medidas correctivas antes de estar en una situación de alto riesgo. Estas empresas no dejan ningún síntoma al azar ni permiten una explicación académica de sus ejecutivos, sino que lo monitorean de cerca. Esta actitud los convierte en empresas preventivas de las crisis, gracias a las acciones de su modelo estratégico.

La siguiente es una síntesis de una evaluación de riesgos que le permitirá tomar conciencia:

> Es preciso crear una estrategia que permita interceptar problemas y tomar medidas inmediatas antes de estar en una situación de riesgo

## ANALICE SUS RIESGOS POTENCIALES

Marque con un (sí) si está de acuerdo con la frase y con un (no) si no lo está:

1). (sí) (no) ¿Existen riesgos en varias áreas del negocio que puedan afectar nuestros resultados?

2). (sí) (no) ¿Se avecinan en el entorno riesgos potenciales para nuestro negocio?

3). (sí) (no) ¿Hemos sido poco eficientes en ejecutar algunos proyectos clave en los últimos años?

4). (sí) (no) ¿Dejamos algunos proyectos sin terminar que eran importantes?

5). (sí) (no) ¿Deberíamos investigar profundamente la opinión de nuestros clientes?

6). (sí) (no) ¿Hemos perdido o disminuido ventas con clientes importantes en los últimos años?

7). (sí) (no) ¿Necesitamos una mejor tecnología que nos permita crecer?

8). (sí) (no) ¿Han ingresado competidores al mercado que tienen una ventaja competitiva importante?

9). (sí) (no) ¿Nuestros productos ya no tienen la misma fuerza en el mercado?

10). (sí) (no) ¿Nuestro tipo de negocio ha ido perdiendo margen de utilidad en los últimos años?

11). (sí) (no) ¿Estamos perdiendo volumen de ventas progresivamente?

12). (sí) (no) ¿Cada día es más difícil tomar decisiones y ponernos de acuerdo en nuestras juntas?

13). (sí) (no) ¿El precio de venta cada día es más difícil mantenerlo ante nuestros productos?

14). (sí) (no) ¿Han surgido nuevos competidores que han crecido rápidamente en el mercado?

15). (sí) (no) ¿Somos una empresa que no aplica medidas si las cosas no se realizan en tiempo o calidad?

16). (sí) (no) ¿Nuestro nivel de servicio al cliente ha disminuido?

Si marcó 7 o más (sí), significa que se encuentra en etapa de riesgo alto.

Requiere realizar cambios de inmediato.

# CAPÍTULO 3

# El huracán global

# El mercado de la incertidumbre

La escritora Margaret J. Wheatley escribió en su libro *Learning About Organization From an Orderly Universe* que las nuevas tendencias de los mercados se identifican más con un huracán que con ningún otro elemento de la naturaleza. Si usted observa un huracán, pregúntese a sí mismo qué identifica a su paso: ¿estabilidad o inestabilidad?; pregúntese también: ¿es predecible o impredecible lo que sucederá cuando cruce el huracán por tierra? Si su respuesta es inestable e impredecible, bienvenido porque usted está en el mundo de los negocios. ¿Se caracteriza su negocio por la inestabilidad y la falta de predecibilidad e incertidumbre?, ¿le resulta cada día más complejo lidiar con el mercado?

Los mercados han cambiado a tal velocidad que los cambios se modifican día con día. La transitoriedad surge como la regla del juego. La incertidumbre se ha transformado en la materia prima de su éxito. Curiosamente lo que no conoce aún es lo que lo impulsará hacia las nuevas corrientes del éxito. Mantener el estatu-quo y sólo mejorar los modelos estratégicos tradicionales es una opción suicida en un mercado que ya no existe.

> Más de lo mismo
> es un reto que no
> lo hará crecer

Muchas empresas están tomando conciencia de que lo que los hizo llegar a donde están hoy no les permitirá llegar a donde ellos quieren ir.

El tiempo corre en su contra si usted como empresario toma la opción de mejorar lo que ha hecho hasta ahora, ya que mejorar lo que usted hace sólo le permitirá sostenerse, en el mejor de los casos. Si desea verdaderamente crecer tendrá que cambiar, hacer algo diferente. Estamos ante una forma de mercado frente a la cual no es suficiente mejorar y hacer más eficiente aquello que a usted le dio éxito.

Más de lo mismo es un acto que no lo hará crecer, sino probablemente le permitirá sostenerse para dejar a sus nietos un negocio que apenas sobrevive. Pero es probable que no pueda sobrevivir a la próxima generación con una actitud anclada en el pasado, como le sucedió en México al supermercado Gigante, que no tuvo otra alternativa que vender las tiendas a sus competidores directos, Soriana, por 350 millones de dólares, posicionando a éstos como el número 2 del mercado después de Wal-Mart. Estamos en un mercado donde comes o te comen. Te fortaleces o te compran.

Los empresarios deberán tomar conciencia de que lo que saben pertenece a un mercado que ya no existe. Por consiguiente, lo que aprendieron es un impedimento para visualizar nuevas estrategias que verdaderamente sean una sorpresa en el mercado.

La mayoría de los empresarios dominan el mercado del pasado inmediato, pero no la realidad actual o la tendencia futura.

Ha sido tal el grado de la velocidad de los cambios, que ésta es la única vez en la historia que la nueva generación sabe más que su generación anterior. Están más informados, mejor preparados, más conectados. Tienen más recursos que los que nosotros tuvimos a su edad y tienen una mejor capacidad para deducir, concluir y tomar decisiones sustentadas en múltiples fuentes de información global.

> **Estamos en un mercado donde comes o te comen, te fortaleces o te compran**

Son jóvenes que viajan a temprana edad a lugares que la generación anterior no tenía acceso.

Los nuevos ejecutivos de las organizaciones ya no desean pagar el precio de 15 años de experiencia para poder ser directores. No les interesa estar muchos años en una misma función para hacer méritos o ganar el derecho a ascender. No les interesa jubilarse ni les importa la seguridad del puesto.

Lo que quieren es crecer, pero crecer hoy, quieren disfrutar hoy. Por lo tanto, están dispuestos a poner toda su energía y conocimiento a disposición de aquellas empresas que les proporcionen un beneficio inmediato y atractivo.

La seguridad dejó de ser un recurso para que la nueva generación determine trabajar en una empresa. El modelo cambió radicalmente.

Las empresas son más financieras y sus empleados más orientados a beneficios a corto plazo. De no cumplir con estos requisitos, prefieren abrir su propio negocio o trabajar para una empresa más pequeña que les reconozca el valor de su esfuerzo.

En suma, lo que usted sabe se convertirá en una amenaza para su éxito. Tendrá que comprender que la ausencia de nuevas ideas se debe a sus viejas ideas. Más aún, si sus viejas ideas fueron exitosas e hizo mucho dinero con ellas, más riesgo corre de no identificar nuevas ideas.

Las viejas ideas acerca de los negocios arruinan las buenas oportunidades y desechan toda opción de adquirir nuevas herramientas al construir un parámetro de acuerdo con éxitos anteriores. En consecuencia, aquellos que no logren cambiar su modelo de pensamiento estarán destinados a repetir el modelo una y otra vez con enormes posibilidades de errar, aun con su extensa experiencia en el negocio.

En suma, su historia no es un buen referente ante un mercado que ya no se comporta igual. Las viejas ideas son muy útiles cuando estamos ante mercados predictivos y estables. Pero hoy nos encontra-

mos ante un mercado con cambios radicales
y permanentes donde ya nunca más veremos
el viejo modelo. Estamos ante un mercado
que no está influido por una tendencia económica temporal, por la influencia de un
nuevo presidente, ni por una tendencia global transitoria.

> Las viejas ideas
> arruinan las buenas
> oportunidades y
> desechan toda opción
> de adquirir nuevas
> herramientas

En suma, no estamos ante una "tenden-
cia", sino ante un mercado nuevo con comportamientos que cambiaron de raíz y para siempre. En consecuencia, tener la osadía de
aplicar ideas viejas en mercados nuevos es un acto suicida.

Los viejos paradigmas no encajan en la nueva economía de mercado como la que vivimos hoy.

Los expertos en cambio de paradigmas como Joel A. Barker en su
libro *Paradigms: The Business of Discovering the Future* dicen: "Cuando un paradigma cambia, todo vuelve a cero". Las viejas reglas no
coinciden con la nueva realidad; por lo tanto, fracasaremos o tendre-
mos resultados poco satisfactorios si intentamos aplicar soluciones
estratégicas de éxitos pasados.

Un ejemplo que ilustra el tipo de mercado que tenemos es el
acontecimiento que sucedió en los juegos olímpicos de 1968 en
México.

En 1968 en los juegos olímpicos el joven Dick Fosbury, de 21,
años realizó el primer salto de altura de espaldas, logrando alcanzar
2.24 m de altura, una modalidad nunca vista hasta ese momento en
la historia del atletismo.

Los modelos tradicionales de salto iban mejorando poco a poco
las marcas, olimpiada tras olimpiada. Por ejemplo con el salto de
tijera lograron 1.30 m, con el giro de costado (*western roll*) 1.40 m y
con el salto a horcajadas (*eastern roll*) lograron un máximo de 2 m. Es
decir, el modelo tradicional de salto había llegado a su límite, para
ser superado espectacularmente por un salto nunca visto antes hasta
México 68.

# Cuando los paradigmas cambian todo vuelve a cero...

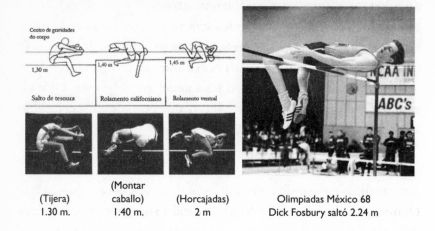

| (Tijera)<br>1.30 m. | (Montar caballo)<br>1.40 m. | (Horcajadas)<br>2 m | Olimpiadas México 68<br>Dick Fosbury saltó 2.24 m |

Si aplica este mismo principio a su negocio debe aprender que en los mercados siempre hay una forma mejor de hacer las cosas y por lo tanto, su actitud debe ser siempre de búsqueda. El secreto no es mejorar solamente. Debe usted retar al mundo y a los convencionalismos establecidos. "Innovar significa competir consigo mismo, con sus propias ideas."

Sólo aquel que encuentre un modelo de negocio que mejor se adapte a las nuevas exigencias de los mercados altamente saturados podrá beneficiarse de las mieles de su descubrimiento durante un buen tiempo.

Para crear un nuevo mercado debe ir en contra de los cánones tradicionales. Retar lo que el mercado tiene como costumbre. Retar lo que todos vemos como lógico o de sentido común. Debe saltar de espaldas.

> Estamos en un mercado que exige no sólo RENOVACIÓN, sino también INNOVACIÓN y REINVENCIÓN

Debe preguntarse lo que nadie se ha preguntado hasta hoy. Recuerde que en el mundo moderno: "Las empresas se dirigen con buenas preguntas, no sólo con respuestas".

Por ello convénzase de que estamos ante un mercado que le exige no sólo RENOVACIÓN, sino también INNOVACIÓN Y REINVENCIÓN.

Ver lo mismo bajo otra óptica será su secreto. Mejorar lo mantendrá en línea de flotación, pero el cambio de modelo de negocio lo dimensionará en una nueva perspectiva ante sus competidores.

El cambio no tendrá piedad para aquel que se resista. Dice un gran pensador: "No hay ninguna fuerza que pueda resistir el cambio a una idea que le llegó su momento".

No hay duda de que una idea como la que todos conocemos, como Dominós Pizza, Dell, Walt-Mart, Federal Express, Starbucks y muchas otras son producto de una visión diferente de lo mismo que todos vemos.

A su negocio le llegó el momento de saltar de espalda y le sugiero que no se resista a ello. Comience ¡ya!

Reducir gastos, aunque es necesario, no lo salvará de las nuevas corrientes de los negocios. Por ello le recomiendo que se cuide de lo que sabe porque "lo que sabe lo puede llevar a la ruina". El colmillo, los años de experiencia, son muy útiles si los pone al servicio de ideas que cambian las reglas del juego de su mercado. De lo contrario, sus nuevas ideas serán una extensión de su pasado disfrazadas de innovación, pero en realidad no lo son, sino sólo son renovaciones y mejoras temporales que mantendrán su línea de flotación.

# CAPÍTULO 4

# Las reglas que han cambiado

EN ESTE CAPÍTULO:

- Identificará cuáles son las tendencias que han cambiado para siempre en los mercados globales.
- Conocerá cómo el mercado ha cambiado hacia una tendencia de imitación y similitud de estrategias comerciales y productos.
- Podrá identificar cómo, en los mercados saturados, los productos se han transformado en bienes de consumo, compitiendo frontalmente en precio.
- Tomará conciencia de la sobresaturación de productos y sus consecuencias en los márgenes de utilidad y precios al consumidor.
- Identificará que en un mundo saturado de competidores y productos similares, éstos pasan a segundo plano de influencia en la elección del consumidor.
- Comprenderá cómo las marcas son un elemento fundamental en el mundo de la similitud de productos y servicios.
- Conocerá que en el mundo de la igualdad de productos, el que tenga el precio más bajo se queda con el cliente y ello exije una estrategia de liderazgo en costos muy bien planeada.
- Tomará conciencia de que hay cambios que han modificado para siempre la forma de hacer dinero en su negocio.
- Identificará cómo las empresas exitosas reaccionan ante tantos cambios en poco tiempo.

*En un mercado altamente competido, las decisiones radicales surten más efecto que las decisiones tibias y temporales.*

Mario Borghino

## Variables que cambiaron para siempre

Indaguemos por un momento las tendencias que han creado la amenaza de un huracán globalizado que tiene dimensiones mundiales y que está cambiando las reglas que daban estructura y mantenían en equilibrio el orden en los mercados. Estábamos ante mercados estables y predictivos que permitían a los que tenían el poder de producción mantener el mercado bajo control. Sin embargo, los modelos estratégicos tienen vigencia siempre y cuando las variables del entorno no cambien. Actualmente las variables se han modificado y su estabilidad está en juego en el nuevo orden de los mercados, no importa el nivel de crecimiento que haya tenido hasta el día de hoy, no importan los años que tenga en el mercado, ni el dinero que haya hecho con su negocio. El cambio llegó para quedarse y no tendrá piedad para el que se resista.

Veamos algunas de estas tendencias:

En mercados sobresaturados de productos y competidores de todos los rincones del mundo, una de las características es que no importa qué estrategia usted diseñe: si ella es exitosa, será copiada. Es decir, si usted no cobra comisiones, su competidor tampoco lo hará. Si usted decide vender a consignación, él también; si vende sin cobrar intereses, su competidor también, si lanza una campaña de publicidad él hará una igual. En suma, estamos en el mercado de las imitaciones.

> El cambio llegó para quedarse y no tendrá piedad para el que se resista

La sobrepoblación de competidores está a la caza de ideas que funcionen. Significa que si usted tiene éxito, todos lo imitarán. Quienes piensan a la antigua esto les molesta, lo definen como una competencia deshonesta, sin ética. En las nuevas reglas del juego, la imitación siempre que no viole patentes es un modelo estratégico, no un problema moral o ético; tiene que ver con las nuevas reglas del juego. Y todos quieren sobrevivir y hacer dinero.

Este nuevo comportamiento del mercado significa que las estrategias mueren antes de lo que solían hacerlo. Los ciclos de vida de sus ideas son muy cortos. Esto significa que fácilmente uno puede perder el paso. Empresas como Sony, AT&T, Toys R Us, Ford, General Motors, Cydsa, TMM, Vitro, Auchan, Vitromex y muchas otras no han podido seguir el paso de grandes crecimientos por la influencia del mundo saturado del YO TAMBIÉN.

Es menester comprender que este mundo —tal como dijimos anteriormente— es un mundo donde la regla es que ya no hay reglas. Lo que usted aprendió ya no le sirve: tiene que aprender el nuevo juego. Es una pelea frontal por el mercado. Este nuevo perfil del mundo saturado ha cambiado los viejos axiomas.

Nuevo axioma: "Producto que usted introduzca al mercado mañana será copiado, imitado, mejorado y será ¡más barato!"

Ante semejante tendencia, la pregunta que debe hacerse es cómo podrá crear una diferenciación de sus productos, cómo podrá hacer que sus clientes identifiquen su valor si lo imitan de inmediato.

> Dispare a discreción nuevos productos, nuevos diseños, nuevas estrategias

Hace algunos años la guerra de los negocios era hacer pruebas en zonas para validar el comportamiento del producto en el mercado. Luego lo lanzaban en todo el país. Era la época en que la batalla se ganaba con tres pasos: Carguen... Apunten... ¡Fuego!

Le doy un buen consejo: abandone ese modelo militar, hoy se encuentra en el modelo en el que las batallas se ganan con: ¡Fuego... Fuego... Fuego! Dispare a discreción nuevos productos, nuevos diseños, nuevas estrategias. El que no sepa cargar su arma rápido muere y pierde mercado.

Es decir, si lanza una nueva estrategia es necesario que tenga tres estrategias en línea listas para lanzar en los próximos meses. Usted debe reinventarse diario. Ya no puede vivir con las mieles del éxito temporal que le proporciona una nueva idea.

Tipos de empresas como los de la música, telefonía, televisión, líneas aéreas, agencias de publicidad, periódicos y los vinos franceses están siendo reinventados día con día por la imitación y la innovación de revolucionarios modelos de negocio.

"No es que el mundo esté de cabeza, es que sus ideas están al revés", mencioné en el primer capítulo, "el mundo ya no es el mismo que lo vio a usted nacer, crecer y hacer dinero". Ya no se pueden hacer buenos negocios jugando al golf los miércoles, hoy deberá jugar diario si quiere mantener su modelo de vida.

Como he venido comunicando, lo que ha estado cambiando en las últimas décadas es el desmedido aumento de la oferta de productos en todos los sectores del mercado.

Esto inevitablemente tiene una incidencia en los costos de operación. La imitación de modelos de negocios y de productos hace que los productos se transformen en bienes de consumo, más rápido que antes. Si su producto se transforma en un genérico, significa que el producto no es el que lo va a diferenciar. Pregúntese cómo diferenciamos un pollo en el supermercado, cómo diferenciamos el azúcar, un producto químico, un fertilizante, un tenis y así sucesivamente.

La dinámica es que en el mundo de los bienes de consumo, el que tiene el precio más bajo se queda con el cliente, nos guste o no esta simplicidad.

La siguiente gráfica presentada en la revista *The Economist*, muestra cómo las empresas en los últimos años han tenido que reducir sus utilidades para poder sobrevivir.

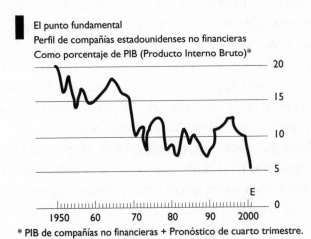

El punto fundamental
Perfil de compañías estadounidenses no financieras
Como porcentaje de PIB (Producto Interno Bruto)*

\* PIB de compañías no financieras + Pronóstico de cuarto trimestre.
Fuente: Departamento de Comercio de JP Morgan

*The Economist*, diciembre 8 de 2001, página 65.

Esta correlación de tasa de decrecimiento nos indica que cada siete años ha habido reducciones sustanciales y consistentes en las utilidades.

Indistintamente, las empresas grandes y pequeñas han tenido que aprender a vivir con menos márgenes de utilidad. Para ello, muchas empresas han visto su crecimiento creando una economía de escala a través de fusiones y adquisiciones. En los últimos 10 años las fusiones y adquisiciones aumentaron siete veces, alcanzando un valor de 1 400 millones de dólares. Las que no aprendieron a vivir con esta nueva realidad han tenido que cerrar o declarar que "ya no es negocio el negocio que tienen" y han decidido venderlo o se dedican a comprar y vender casas (negocio que seguramente también se va a acabar en poco tiempo). Al no comprender la nueva dinámica del mercado, tampoco comprenden cómo se hace dinero con productos genéricos en este nuevo juego en el que todos jugamos con las mismas variables.

Por ejemplo, muchas distribuidoras automotrices no han podido sobrevivir, ya que pensaron que podrían vivir con una o dos agencias, tal como lo hicieron sus abuelos. Eso se acabó. La diversificación que algunos empresarios han hecho de sus negocios les ha permitido tener economía de escala y ése es exactamente el nombre del juego. Obsérvelo en los restaurantes que verdaderamente han crecido. Ya no hacen el gran dinero con un restaurante: crecen con varios, grandes o chicos. El tamaño no importa tanto como la creación de economía de escalas, diversificación de los servicios y costos de operación. Vea usted si desea comer en la Mansión, Casa Ávila, Bistrot Mosaico, Tatanka, Cúcara Manca o en Salón 21: llame a un solo número telefónico. Los grupos de restaurantes de distintas especialidades es la clave. Si desea comer en el Cambalache, en La Rural o en Puerto Madero, se encontrará con una estrategia en la que una misma manera de hacer comida se halla en distintos sitios. Con este modelo reducen considerablemente sus costos de operación y garantizan el nivel de calidad.

Para que tome conciencia de que los precios han cambiado, sólo recuerde lo que valía una llamada telefónica hace 10 años y lo que vale hoy, lo que valía un boleto de avión y lo que vale hoy, lo que valía una

> El nuevo juego se llama **creación de economía de escalas**

casa y lo que vale hoy, lo que valía un televisor y lo que vale hoy. En suma todos los productos masivos han bajado de precio y, en consecuencia, las utilidades cada día son menores por unidad de producto vendido.

Empresas como Motorola, Sony, Hewlett-Packard, Mac Donald's, Procter & Gamble, Microsoft, GE y muchos gigantes más de diferentes industrias venden con márgenes de utilidad más reducidos. En contraposición, han tenido que diversificarse, comprar nuevas empresas, crear alianzas para obtener nuevas fórmulas de ingresos. Empresas como Televisa han hecho alianzas con Telefónica, para ofrecer servicios "triple play", que es televisión de paga, internet y telefonía en todo el país. Con ello podrá hacer frente a Telmex en este negocio. Esta decisión está motivada por la decisión de Telmex de ofrecer televisión a través de internet a partir de julio de 2008. Televisa e Intel también hicieron un convenio para unir el mundo de la tecnología digital con el del entretenimiento, a través de internet. Con ello crearon una tienda virtual de música con más de 700 000 canciones en el portal ESMAS.com

Un ejemplo de empresas que han disminuido su porcentaje de crecimiento de los años noventa al año 2000 fue Moody´s Industrial Manuals.

F

| TIPOS DE INDUSTRIAS | EJEMPLO DE ALGUNAS EMPRESAS | PROMEDIO DE CRECIMIENTO EN LOS NOVENTA | PROMEDIO DE CRECIMIENTO EN 2000 |
|---|---|---|---|
| Bebidas alcohólicas, no alcohólicas, tabaco, cuidado personal | Coca-Cola, Procter & Gamble, Gillette, General Mills | 4.98% | 1.95% |
| Supermercado, venta al menudeo, recreación, restaurantes, hoteles | Wal-Mart, Home Depot, Gap, Disney, General Motors, McDonald's, Hilton, Nike | 10.44% | 7.73% |
| Software, hardware, semiconductores | Microsoft, Oracle, Cisco, Hewwlett-Packard, IBM, Sun, Dell | 13.59% | 3.67% |
| Farmacéuticos, productos médicos, cuidado de la salud | Pfizer, Johnson & Johnson, Eli Lilly, Merck, Wyeth, Schering Plough | 14.30% | 9.82% |
| Químicos, papel, aluminio | Dupont, Down Quemical, Alcoa, Praxair, Air Productos | 7.53% | 4.69% |
| Carga aérea, aerolíneas | Federal Express, UPS, Union Pacific, Southwest, Delta | 5.08% | 2.44% |
| Equipos eléctricos, aeroespaciales manufactura | GE, Honeywell, Lockeed, 3M, Boeing | 9.84% | 1.92% |

FUENTE: Moody's Industrial Manuals

Esto significa que muchas empresas continúan creciendo pero a un ritmo más lento. No es casualidad que muchas organizaciones incorporan a sus empresas perfiles de ejecutivos y presidentes con mente financiera, economistas e ingenieros que tengan un pensamiento racional estructurado, dirigiendo desde una perspectiva financiera productos para el consumidor.

Recordemos la gloriosa época de GE (1990) comandada por el inolvidable Jack Welch, quien no sólo se deshizo de sus negocios tradicionales (planchas, refrigeradores, etc.), sino también adquirió más de 500 empresas en quince años para diversificarse en nuevos negocios y crear economía de escala. Es digna de reconocer su sagacidad, para comprender lo que hoy le estoy comentando. Más aún, cuando Jack Welch se retiró del mundo de los negocios su mensaje fue: "Los empresarios deben vigilar de cerca China, India y Rusia". Pocos le hicieron caso. Era un empresario con una sensibilidad extraordinaria para comprender las tendencias de los mercados como pocos. Hoy estamos viviendo su presagio, 18 años después.

Jack Welch tomó la presidencia de GE en diciembre de 1980 a los 45 años de edad.

En 1981, cuando tomó la presidencia, los ingresos de la empresa eran de 27 000 millones de dólares con 440 000 empleados. Quince años después había creado una empresa de 90 000 millones de dólares con 276.000 empleados. En 1997 ocupó el quinto lugar de las 500 empresas de Fortune. Su eslogan en toma de decisiones era: "Evite lo gradual y sea radical".

En los primeros cuatro años de su presidencia había quitado a 200 000 personas. En un artículo, *Bussiness Week* señaló: "Si el liderazgo es un arte, Welch ha demostrado ser un maestro de la pintura".

> No tenga temor, haga cambios radicales ' y no se arrepentirá

Parecería que a muchos comerciantes, emprendedores y ejecutivos les cuesta aprender la lección. Muchos han aprendido por el camino difícil: perdiendo mucho dinero antes de reaccionar. Trabajan con ideas fijas y concepciones históricas acerca del negocio.

Al respecto, Chris Arguiris, de la escuela de administración de la Universidad de Harvard, dice: "El éxito en el mercado se basa cada día más en el aprendizaje, pero la mayoría de las personas no saben cómo aprender de las señales del mercado".

Una de las señales importantes del día de hoy se encuentra en los costos. Sea un fanático en la reducción de los pequeños y grandes costos. Haga que toda su empresa tenga una cultura de costos, o usted morirá en la batalla no importando el producto que tenga. De nada le servirá la creatividad e innovación si sus utilidades se escapan por la tubería de procesos ineficientes de la operación.

Usted, al leer este capítulo, posiblemente se dirá: ¡el ejemplo de Jack Welch está muy lejos de mi comercio, de mi pequeña empresa o de mi organización! No se preocupe por ello y recuerde el principio que rige el mercado el día de hoy: costos bajos, alta diferenciación. En otras palabras debe resolver la ecuación: "precios bajos, costos bajos y alta diferenciación". ¿Nada fácil, verdad? Le aconsejo que registre también el siguiente mensaje: la reducción de costos, como decía Welch, no se puede hacer poco a poco, debe ser más radical; no le tenga miedo a la desestabilización que pueda crear cambios radicales, como muchos ejecutivos comentan preocupados en sus juntas de consejo.

Decía Welch metafóricamente: "Cuando hagamos los cambios no quitemos poco a poco pelo por pelo uno a uno. Tomemos un mechón y quitémoslos todos juntos. El dolor será mayor pero el cambio será más rápido y también más rápido regresarán sus utilidades". No tenga temor, haga cambios radicales y no se arrepentirá.

Muchas personas lamentablemente realizan sus cambios hasta que toman conciencia de que el dolor de permanecer como están es mayor que el dolor del cambio. Entonces cambian, pero pagan el costo de la demora.

Los bancos mexicanos tuvieron esa oportunidad de hacer sus cambios y nunca lo quisieron hacer. Sin embargo, los cambios profundos de la banca comenzaron cuando en 1982 fueron vendidos a bancos extranjeros.

Estos nuevos ejecutivos realizaron cambios rápidos y profundos. Gracias a ello hoy viven las mieles producto de dichas decisiones. Las utilidades netas que antes obtenían en un año ahora las consiguen en un trimestre. Las ganancias que obtuvieron en el primer trimestre de 2007 equivalen a las de todo el año 2000. La realidad es que la banca acumuló 221 000 millones de pesos en utilidades en el primer trimestre de 2007, lo que antes le tomaba todo un año. No hay duda de que sus decisiones de reducción de costos y cambios estratégicos dieron su fruto.

Así debe usted también enfrentar cambios profundos cuando las condiciones del mercado lo exijan. No importa si su negocio es de 10 personas o de 1 000, el principio es el mismo.

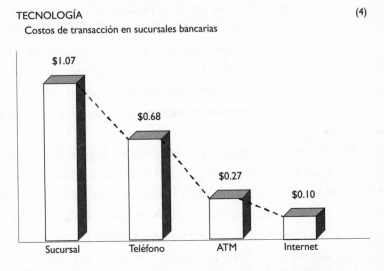

TECNOLOGÍA                                                          (4)
Costos de transacción en sucursales bancarias

SIN SUCURSALES - SIN EMPLEADOS - SIN INFRAESTRUCTURA

En "el mundo de los costos" ha cambiado también otro axioma tradicional.

AXIOMA: "Competidor que baja hoy los precios mañana los bajará nuevamente".

Se acabó el dicho de: "mi competidor está bajando" precios porque quiere comprar mercado, pero luego los subirá progresivamente.

Muchos empresarios dicen: "Yo conozco este negocio hace 20 años y sé que no pueden ganar dinero con esos precios". Otros agudos ejecutivos dirán: "Seguramente están lavando dinero, no es posible vivir con esos precios".

No crea en ese viejo axioma del mercado. La reducción de los márgenes de utilidad llegó para quedarse. Vea su negocio desde una perspectiva financiera y olvídese de los márgenes tradicionales en su tipo de negocio. Recuerde: "La regla es que no hay reglas".

Aprenda a cortar costos al estilo Welch. Le recomiendo que lea el libro *Negocios al estilo Welch*, de Stuart Creiner.

## ESTAMOS EN UN MUNDO PULVERIZADO

Es muy fácil tomar conciencia de que los mercados actuales se han pulverizado en múltiples productos. Usted se levanta en las mañanas y puede elegir entre 50 diferentes tipos de cereales sólo para desayunar en las mañanas. En un supermercado hay más de 40 000 tipos de productos. Pero en su hogar no consume mas de 200 tipos de productos, o sea que las empresas tienen que luchar mucho para llamar la atención de sus clientes y seleccionar de esos 39 800 productos el que usted se llevará. En la industria automotriz hace diez años en México existían aproximadamente 40 tipos de automóviles para comprar; hoy hay más de 200. Sólo Volkswagen produce para el mundo más de 50 tipos de automóviles.

Hay más de 20 tipos de llantas para comprar, más de 400 tipos de lap-tops, más de 250 000 tipos de software; en McDonald's puede seleccionar más de 43 tipos de alternativas y existen más de 70 tipos de pantalones Levi's.

Una persona llega a los 65 años con dos millones de comerciales de televisión vistos en su vida. La mente está literalmente bombardeada por nuevos productos.

Si usted cree que tiene competidores, no se preocupe, ya que todo el mundo está igual. No se sienta mal: no está solo en la pelea.

La forma de enfrentar esta oleada de productos para satisfacer una misma necesidad es la clave. Todos pelean por un milímetro en los anaqueles de los supermercados. Pelean por una cabecera mejor para poner sus productos. No queremos que nuestros productos estén en el último estante de abajo en las tiendas. Sólo desearía estar en el estante de abajo si su producto es para niños, pero no desearía que un Bacardi o una botella de vino importado no se halle al nivel de sus ojos. Todo se debe estudiar si quiere vender en un mundo de productos similares. Ya nada se deja al azar: somos muchos peleando por el mismo dinero del consumidor. Ya es necesaria una industria que ayude a los consumidores a comprar en la era de las múltiples opciones.

> La clave está en la forma en que hace llegar el producto al mercado y no en el producto mismo

Las grandes interrogantes son: ¿cómo puedo diferenciarme en ese mar de productos? ¿Cómo atraer a mis clientes?

En el siglo XXI hay más productos en más categorías que en ningún otro momento en la historia del mundo. Puedo adicionar que hay más consumidores consumiendo más productos como en ningún otro momento. La gran pregunta es cuántas más hamburguesas podemos comer, cuántos más carros manejar y cuántos tipos de zapatos podemos usar. Concluyendo, debemos "comprender" el nuevo modelo del mundo pulverizado, no sólo saber y estar muy informado de lo que sucede. El tema central es "comprender" dónde está su oportunidad: leer entre líneas.

AXIOMA: "Cuanto mayor sea el número de productos, menos relevante es el producto para el consumidor"

La saturación de productos en el mercado ha creado una presión sobre los precios. Consecuentemente, los productos cada día tienen un precio menor.

> Si usted tiene una marca bien posicionada, todos lo necesitarán

Vea usted un solo ejemplo: los costos de envíos de remesas de dólares que envían los emigrantes mexicanos que viven en Estados Unidos. En los últimos 6 años cayó un 80%, al pasar de 50 dólares a 10 dólares, pero hay empresas que cobran hasta 5 dólares. El número de estas empresas ha inundado el mercado del envío de dinero y todas tratan de bajar sus comisiones para quedarse con los 23 000 millones de dólares en giros anuales a México.

Las empresas de camiones de pasajeros están teniendo como competidor a las aerolíneas de bajo costo. El costo del boleto de avión para viajes largos como Tijuana vale lo mismo en autobús que en avión, pero uno demora 36 horas y el otro tres horas y no tiene uno que gastar en comida. No hay forma de cómo contrarrestar semejantes beneficios. Es otro mundo. Por ello mencioné anteriormente que lo que aprendió de su negocio no tiene correlación con la nueva realidad del siglo XXI.

La pregunta es: ¿de dónde se lograrán los márgenes de utilidad? Seguramente no de los productos, pero sí de la forma en que su negocio hace llegar el producto al mercado.

El servicio se transformó en el producto del producto. La producción en masa ha cedido el paso al servicio en masa. El servicio es el recurso para producir dinero y no el producto en sí mismo, dado que el producto es fácil de copiar y ser vendido a precio más bajo. Se "comoditiza" fácilmente.

También es necesario comprender que en el "producto contra producto", el que tiene el precio más bajo se queda con el cliente. Por lo tanto, ¿cómo podemos diferenciarnos para que el cliente identifique que nuestro producto es mejor o superior que el de la competencia?

En mercados saturados el producto pasa a segundo plano en términos de utilidad y rentabilidad. Necesitamos tecnologías que nos den un diferenciador como en el caso del iPod, o modelos de negocio distintos que nos permitan hacer llegar al cliente un producto con un concepto diferente, como el caso de Starbucks. Más adelante profundizaré en este concepto.

## ESTAMOS EN EL MUNDO DE LAS MARCAS

La fábrica de dulces Miguelito vende productos de diversas características, pero el consumidor no los pide por su nombre sino por su marca. El niño no pide un chamoy, sino un Miguelito. De eso es todo lo que se trata en el mundo de las marcas, como también lo ha hecho estupendamente la marca Corona con su cerveza en todo el mundo.

Si usted no tiene una marca está destinado a ser arrasado por los chinos, que se han focalizado en vender barato el producto que sea. Si no tiene una marca que lo distinga, tendrá que vender a bajo precio, tendrá menores utilidades y sus costos se encargarán de su negocio en los próximos años. No olvide que las grandes cadenas de tiendas y supermercados se han constituido como los grandes distribuidores y dueños de los canales de distribución del país. De tal forma que si usted desea crecer, tienen que caer en sus manos. Ello significa subordinarse a sus condiciones. Le pagarán de acuerdo con sus reglas.

Si usted quiere entrar en una plaza, ellos pueden hacer la publicidad, la promoción y empujar el producto en el lugar que desee, se encargarán de transportarlo. En suma, le harán todo. A cambio, usted debe llevarse una pequeña tajada de la utilidad para que posicione su marca en una zona específica del país.

Como pequeño o mediano proveedor tiene que ser el que financie la promoción. Si usted tiene una marca bien posicionada, también ellos lo necesitarán; de lo contrario, los necesitará a ellos y tendrá que aceptar que determinen el margen que debe ganar, las condiciones en las que tiene que vender y determinarán también cuándo recibirá su cheque. En suma, si no tiene una marca, tendrá que poseer mucho dinero en su banco para soportar el sistema de financiamiento que imponen los grandes del mercado. Si no tiene una marca, le aconsejo que construya una lo antes posible para poder manejar su relación comercial con algún poder en la negociación.

En el mundo de la sobresaturación de productos, el axioma de la calidad ha perdido su fuerza.

AXIOMA: "Producto barato sinónimo de baja calidad ha perdido su vigencia".

Hoy la mayoría de los productos tienen una calidad aceptable. El mundo automotriz es una evidencia de ello. Desde los más baratos como un automóvil ATHOS de Hyundai, hasta el BMW o el Mercedes Benz, todos tienen calidad. Ya no hay auto malo. Ya no hay televisor malo. La tecnología mundial logró nivelar los estándares. Por lo tanto, el diferenciador de la calidad ha reducido su brecha con los de baja calidad.

La forma de conquistar los mercados ya no es sólo calidad. La calidad es un valor entendido. En el lenguaje de los expertos se habla de que la calidad es un factor higiénico. Es decir, si tiene calidad no significa que tenga éxito, pero si no la tiene puede garantizar su fracaso. Es un factor preventivo de fracaso. Por tal razón, las marcas se han transformado en un factor clave que permite al consumidor aceptar un sobreprecio por tener un producto distintivo. Tal es el caso de las famosas bolsas de mujer Louis Vuitton: las mujeres esperan que diga Louis Vuitton lo más grande posible para que todo el mundo se entere que pagó por su bolsa más de 1 500 dólares. La marca lo vale, como la empresa española Inditex, dueños de las marcas Zara, Oysho, Máximo Dutti, Stradivarius, Kiddy's Class, Pull & Bear, Bershka y Zara Home.

Si no cree en ello sólo vea el valor de los deportistas que son MARCA registrada:

- Tiger Woods tiene ingresos por 80.3 millones de dólares al año.
- Michael Schumacher, ingresos por 80 millones de dólares al año más 130 millones en publicidad.
- Peyton Manis, jugador de futbol americano, vale 35 millones de dólares al año.
- Michael Jordan ganaba en su época 35 millones de dólares al año, más 300 millones en publicidad.
- Shaquille O'Neal recibe 32 millones de dólares al año, más publicidad.
- André Hagasi recibía en su época 28 millones de dólares al año.
- David Beckham recibía 28 millones de dólares al año, más 300 000 dólares semanales en publicidad.
- Ronaldo recibe 18 millones de dólares al año
- Zinedín Zidane recibía 16 millones de dólares al año.

Vea también el valor de las marcas de algunas empresas:

- Coca Cola    50 000 millones de dólares
- Marlboro    47 000 millones de dólares
- IBM    20 000 millones de dólares
- Disney    19 000 millones de dólares
- Sony    10 000 millones de dólares

Es decir, si cualquiera de estas empresas deseara vender el nombre de su producto, ése sería su valor en el mercado, no sus instalaciones e infraestructura.

Las marcas han comenzado a incursionar también en el mundo virtual. Las marcas buscan posicionarse en este mundo a través de Xbox u otros, como Second Life, donde los jugadores pueden asumir roles diferentes y vivir su vida como deseen. Marcas como McDonald's, Nike o Budweiser ya tienen un espacio en estos mundos virtuales alternos, donde navegan 7 millones de jóvenes. Estamos ante el surgimiento de un nuevo medio de comunicación de sus

> En el mundo de hoy, el concepto de **marca** va superando al concepto de **calidad**

productos frente al consumidor. Marcas famosas como Disney, Toyota, Nissan, Sonny e IBM invertirán 10 millones de dólares en Second Life. Otro concepto interesante es a través de videojuegos. Microsoft está buscando patrocinadores para que se anuncien en Xbox. Es una tendencia natural que los productos comerciales para jóvenes sean parte de los videojuegos. Si consideramos que Xbox tiene una penetración en los niveles socioeconómicos altos de un 50%, la oportunidad es enorme para los anunciantes. Cada día surgen más oportunidades de utilizar nuevos medios y de anunciar productos.

Dice Martin Lindstrom, autor del libro *Brand Sense*, que la Rolls-Roice empezó a recibir quejas de sus clientes, reclamando: "Ya no son como antes". Los ejecutivos británicos buscaron uno de los modelos antiguos más famosos, un Silver Cloud de 1965, y lo compararon con su nuevo modelo. Se dieron cuenta, dice Lindstrom, de que la única diferencia entre ambos era el olor. El Silver Cloud construido con maderas, cuero, lana, telas tenía un olor que para los clientes era un componente esencial. Los directivos de la empresa fueron entonces al laboratorio y sintetizaron químicamente el aroma. Desde entonces colocan debajo de los asientos dos placas que emiten el olor verdadero del Rolls-Roice, que se había transformado en un componente distintivo de marca. Martin Linstrom dice que las marcas tienen que apuntar a ser percibidas por los cinco sentidos. En un mundo sobresaturado de productos, los empresarios se preguntan: ¿cómo hacer para que nuestro producto se distinga ante el cliente?

Empresas como Ford y General Motors ya diseñan el olor y se vaticina que la industria farmacéutica les seguirá el paso con pastillas de sabor. El 35% de las 1 000 empresas de Fortune a nivel mundial están comenzando a usar este concepto.

En México la empresa de colchones Selther en los últimos 35 años ha utilizado una estrategia publicitaria, destacando la tecnología de sus productos. Pero hace dos años decidió lanzar campañas de corte emocional, en las que destaca la importancia del buen descanso para tener una mejor calidad de vida. La publicidad ha sido para esta empresa una de sus piezas clave para tener una alta aceptación.

Los sentidos son un medio para construir sus marcas; el tacto, el sabor, el olor, la vista y el sonido son elementos clave para construir una marca según Linstrom. Le recomiendo que lea este interesante libro acerca del mundo de las marcas.

# CAPÍTULO 5

# Producir resultados en el siglo XXI

- Sabrá cómo producir resultados en los mercados del nuevo siglo XXI.
- Identificará las tendencias que hemos heredado del siglo XX, que aún limitan la visión de muchos empresarios.
- Conocerá cómo el crecimiento poblacional del siglo XX permitió el crecimiento desmedido de productos, para satisfacer un mercado en crecimiento.
- Identificará por qué nuestros modelos de negocio tienen una influencia histórica de pocos negocios atendiendo muchos consumidores, frente a un mercado de muchos competidores atendiendo nuevos nichos de consumidores.
- Conocerá el perfil del consumidor del nuevo mercado del siglo XXI.
- Tomará conciencia de que nunca antes habían existido en el mundo tantos productos en tantos segmentos como los que hoy existen.
- Tomará conciencia de que estamos en un mundo donde la velocidad se ha tornado en un modelo estratégico de negocio.
- Identificará que en un mundo saturado de productos, la fuerza de lo intangible está tomando un lugar preponderante en las elecciones de los consumidores.
- Comprenderá por qué hoy somos víctimas de nuestro propio éxito, cosa que muchos no saben cómo dominar.

La nueva regla del juego no es cambiar lo que hay, sino crear lo que no hay.

Mario Borghino

# Herencia del siglo xx

El siglo xx se puede considerar el siglo del crecimiento de las grandes empresas del mundo. Muchas empresas hoy perduran gracias a su extraordinaria capacidad para construir imperios que lograron amasar fortunas en los adorados años cincuenta. El crecimiento se mantuvo hasta 1980. El mercado en aquella época se caracterizaba por estas tendencias:

## 1. Crecimiento poblacional

Después de la Segunda Guerra Mundial, la tendencia en el mundo fue que las familias comenzaron a crecer, teniendo más hijos de lo convencional. Las familias grandes con muchos niños requerían de productos. Las empresas entendieron esta necesidad y comenzaron a producir grandes cantidades de productos con maquinaria automatizada, que aprendieron a desarrollar para producir armas para la guerra, y ahora producían planchas, cocinas, zapatos y todo tipo de artículos gracias a la nueva tecnología. Cientos de nuevos productos en diversas categorías se lanzaban al mercado para abastecer la demanda de aquel mercado en crecimiento.

## 2. Lanzamiento de nuevos productos

Las empresas que querían crecer en esas épocas sólo tenían que diseñar nuevos productos. Pocas empresas atendían las necesidades de esos años. Así nacieron Procter & Gamble, Kimberly Klarck, IBM y muchas más. Para lograr cualquier crecimiento adicional, sólo requerían que el área de ingeniería diseñara un nuevo producto para el consumidor. El mercado respondía. Era la época de pocos atendiendo a muchos. En México, si queríamos comprar alimentos, teníamos a Comercial Mexicana, Aurrerá y Gigante, tres grandes supermercados para atender a cerca de 100 millones de personas. Si queríamos comprar automóviles teníamos a Chrysler, Ford, GM y Volkswagen; no había más opciones. Si queríamos créditos teníamos tres grandes bancos: Banamex, Bancomer y Serfín, y ellos decidían qué líneas de créditos podían disponer millones de personas. Un mundo ideal para unas cuantas empresas privilegiadas atendiendo a muchas personas. Era la época de oro para los grandes empresarios. Las empresas se concentraban en aumentar su participación de mercado, creando nuevos productos. El nombre del juego era crecer y crecer.

## 3. Distribución doméstica

El objetivo de esa época era crecer en zonas que no habían sido bien atendidas. Eran épocas en las que ciertas ciudades se nos hacían lejos. Imagínese por un instante que ciudades como Tijuana eran lejos para los empresarios mexicanos. Pregunte hoy a un chino si para ellos hay alguna ciudad lejos. Era la época en la que nos dábamos el lujo

> Ya no hay zona pequeña, ya no hay cliente pequeño. La saturación doméstica es la regla del juego

de decir que estábamos bien posicionados en una zona del país y en otra no. Dejábamos que empresas regionales crecieran para tender la deficiencia de distribución de las grandes corporaciones de la época. Pero en este mundo aldea en que vivimos hoy, este modelo está en proceso de extinción. Ya no hay zona pequeña, ya no hay cliente pequeño. La saturación doméstica es la regla del juego.

## 4. Márgenes de utilidad

El privilegio de ser unos pocos empresarios atendiendo ciertas zonas del país resultó un negocio muy jugoso para empresas que tenían el control de ciertos productos, como la aspirina de Bayer, o las llantas Goodyear o los viajes transatlánticos de PAN-AM. Los márgenes de utilidad dependían del máximo que podía pagar el mercado. La determinación de precios estaba condicionada no por los costos, sino por cuánto soportaba el cliente. Los márgenes permitían ineficiencias en los procesos, costos innecesarios o reprocesos. Todo cabía en las enormes utilidades de aquella época. Por ello, hoy algunos empresarios no logran comprender la importancia de la eficiencia de los procesos para disminuir costos a través de tecnología y la innovación, como los únicos recursos para crear un diferenciador en la mente de los clientes del siglo XXI.

De los años cincuenta a los ochenta fue la época de la innovación para atender a un cliente cautivo en mercados poco desarrollados. Fue la época del gran éxito de Sears, cuando diseñó para los pequeños pueblos de Estados Unidos un libro donde presentaba sus productos para aquellos que no tenían acceso a las grandes ciudades.

El libro se diseñó para zonas agrícolas, pero luego se transformó en el método de venta por catálogos de aquella época. Ideas como éstas fueron las que hicieron crecer las grandes empresas. La mayor parte del mercado

> El nombre del juego se llama innovar o morir

estaba sin atención directa. Las empresas se concentraban donde estaba el grueso de compradores, la mayor capacidad de compra. El resto era para productores locales.

Esa tendencia mal acostumbró a muchos empresarios, cuyo crecimiento dependía de buscar más clientes que estaban abandonados sin atender. Era la época en la que el producto era la fuente de inspiración para las empresas. Las empresas centradas en el producto conquistaron los mercados. Quien tuviera un nuevo producto se quedaba con ese mercado. Para el nuevo mundo al que hoy nos enfrentamos, la mentalidad del producto se ha tornado en un impedimento de crecimiento. El mundo de la información, del servicio, del intangible como el gran recurso de éxito, es un cambio muy drástico para la mentalidad de muchos empresarios tradicionales, que sólo creen en más productos como el recurso para tener éxito.

## El gran cambio del siglo XXI

Al siglo XXI se le puede denominar el siglo de la sobresaturación. El nombre del juego se llama innovar o morir. Las empresas han concentrado su esfuerzo en producir algo nuevo cada día. Este crecimiento incontrolable de productos comenzó en 1990 y hasta el día de hoy, que es imparable.

Si usted cree que tiene competidores con muchos productos vea estos números:

- En el año 2000 se produjeron en el mundo más de 2 millones de libros.

- Seiko produce más de 5 000 modelos de relojes: sólo una marca; considere el resto de las marcas del mundo.
- Sony produce 10 000 productos nuevos al año. Produce 4 productos nuevos cada hora.
- 2 600 millones de personas usan teléfonos celulares en el mundo. Se fabrican 600 millones de celulares al año. Pero China produce 470 millones, más del 50% de la producción mundial.
- Starbucks abre 5 nuevas cafeterías por día, sólo para vender café.
- En Estados Unidos hay 31 millones más de carros que licencias. Es decir, hay más de una persona que maneja muchos carros con una sola licencia.
- El sitio Second Life recibe 8 millones de residentes jóvenes. Hoy ya ha creado la primera joven millonaria, Anshe Chung, quien recibe un millón de dólares por comprar y vender casas y terrenos virtuales que no existen, en una ciudad virtual. Empresas como Manpower y Iusacell se promueven en ese sitio, dado que es un mercado de jóvenes.
- Las empresas constructoras de casas de bajo precio ARA, SABRE, GEO y otras más producen más de 20 000 casas al año cada una.
- Nike fabrica 200 tipos de tenis (Jordan, Cross Training, Tenis Lifestile, Soccer, Walking, Outdoor, etc).
- APPLE vendió 4 millones de IPhone's en los primeros 200 días de su lanzamiento.
- En USA hay 15 millones de casas en inventario sin venderse: con ese excedente se podría dar una casa a cada familia en Australia.

Este crecimiento mundial de productos ha marcado un decrecimiento en las tasas de crecimiento de las empresas, por lo que las empresas deberán hacerse nuevas preguntas para triunfar en este nuevo orden económico. Los empresarios tienen que enfrentar la realidad de crecimientos más lentos, utilidades cada día más escasas, pero increíblemente muchos empresarios aún insisten en crecer con métodos de marketing tradicionales, buscando con ello estimular la demanda. La realidad es que el mundo ya ha forzado los límites de su expansión tanto domésticas como internacionales.

No hay rincón de la Tierra sin nuevos productos.

Hemos construido una interminable extensión de productos que nos lleva a canibalizar las ventas. La búsqueda del nicho de nichos adiciona más costos que grandes ventas. Debemos preguntarnos cuántos tipos de ensaladas más necesitamos para comer un plato sabroso de ensaladas. Cuántos tipos de hamburguesas necesitamos para saciar nuestro interés por saborear una buena hamburguesa. Estamos en un mercado que se parece al transporte en metro del mundo donde se entra a empellones y hacinados; más aún: los japoneses tienen jóvenes llamados *pushers* que empujan a la gente para que quepa más en los vagones. Así está el mundo comercial: nunca falta un emprendedor con iniciativa, empujando más producto en el vagón del mercado. Pero así se gana hoy la batalla…

## Somos víctimas de nuestro propio éxito

De alguna forma el mundo empresarial se ha transformado en la víctima de su propio éxito. En el mundo de los negocios, cuanto más creces más tienes que crecer si quieres mantener el ritmo económico para los accionistas. En los años setenta, GE crecía 10% al año, aunque en 1980 sólo pudo crecer 3%.

Tenemos en la mente la influencia del mercado del siglo XX, en el que podíamos crecer sin límites. Una de las razones por las cuales la mayoría de las empresas tienen esos anémicos crecimientos es que heredamos de los años cincuenta a los ochenta la inercia de crecer en forma orgánica, aumentando el número de consumidores no atendidos, ya sea localmente o internacionalmente.

Pero el modelo ya dio todo lo que podría dar y ahora necesitamos pensar en formas más innovadoras. Los actos heroicos de los presidentes de compañías ya no se dan con lanzar sólo más productos

Las nuevas reglas
en el mercado
saturado le dictan
que cree algo distinto,
algo que no existe

o creando un área internacional. No quiero decir que no diseñen más productos o conquisten más mercados internacionales, sino que ahora requieren una estrategia diferente de la utilizada de los años cincuenta a los ochenta, que más adelante explicaré.

Hoy es necesario pensar muy diferente. Nos estamos dando cuenta de que muchos están creciendo porque se están aliando o están comprando nuevas empresas, como Microsoft desea comprar Google por 400 millones de dólares, o Cemex se ha expandido a Asia y Europa comprando nuevas cementeras para diversificar su operación, transformándose en la cementera más grande del planeta. Por ejemplo, en el deporte nos parece que hemos llegado a ver al mejor golfista, pero, para sorpresa del mundo, surge inusitadamente un Tiger Woods o una Lorena Ochoa, marcando nuevos parámetros.

Por otra parte, creemos que podemos continuar creando indefinidamente nuevos productos extensión de los anteriores. Coca-Cola tiene más de 400 marcas de refrescos para satisfacer la sed de la gente. En 2006 se produjeron 69 millones de carros en el mundo. ¿Cree que le serán suficientes?

La globalización ha sido una bendición para los consumidores, pero una gran pesadilla para los empresarios, que tienen que encontrar nuevos espacios para tener éxito.

*La nueva regla del juego no es cambiar lo que hay, sino crear lo que no hay.*

Las nuevas reglas en un mercado saturado no le dictan mejorar lo que hace, sino crear algo distinto, algo que no existe. Lo paradójico es que lo desconocido es lo que lo llevará al éxito. Lo que aún no domina ni ha experimentado será su salvación para diferenciarse en el mundo de los productos. En esta guerra sin cuartel si su empresa no crece, decrece, aunque facture lo mismo que el año pasado. Hay muchos creando nuevos modelos minuto a minuto en el mundo. Si pestañea, se cae y el tren del cambio le pasará por encima.

## Decrecimiento de la población mundial

En contraposición al desmedido crecimiento de productos y competidores en el mercado, existe un tema a considerar: la tasa de crecimiento de la población mundial ha ido decreciendo desde 1960. Existen proyecciones que aseguran que continuará decreciendo hasta el año 2050.

En consecuencia, si el crecimiento poblacional avanza en su decrecimiento y la capacidad de producción continua incrementándose, llegará un momento en la economía de mercado en que se cruzarán ambas tendencias y el dominio de las empresas irá cambiando, como ya está sucediendo hoy en algunos giros.

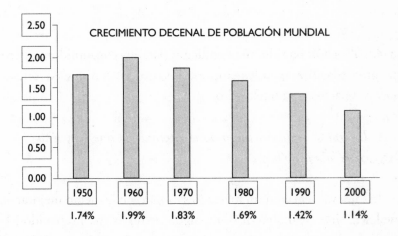

Nos enfrentaremos a un mundo donde pocas megaempresas tendrán el poder de compra a sus competidores y de apoderarse del dominio regional de los continentes, ya no de la ciudad o de las zonas de un país en específico como lo fue en el SIGLO XX.

Los laboratorios médicos son un ejemplo de esta concentración del poder. Adicionalmente, la tecnología hará que la cantidad de personas que trabajen serán cada día menos. Por otra parte, las personas vivirán más años y requerirán una desproporcionada cantidad de atención médica por parte del gobierno.

Como usted ve, no sólo las empresas tienen un reto enorme, los países lo tendrán también para sostener una relación sana con las empresas que llegarán a tener tanto poder económico como un país. Pero el gobierno continuará siendo responsable de atender a la población, que, dada su longevidad, tendrá que ser mantenida a través de sus pensiones. El mundo no tiene una tarea fácil para los próximos años

## La utilidad es lo que cuenta

El problema más importante de una organización hoy en día son sus utilidades. ¿Cómo podemos hacer más utilidades en nuestro negocio? es la pregunta que todo empresario se hace hoy en un sistema de mercado congestionado de competidores y productos.

El modelo de administración que aprendimos por años fue que si incrementábamos nuestra participación de mercado, incrementaríamos nuestras utilidades también. Lamentablemente esta norma ya no se da con tanta exactitud. Muchas grandes empresas luchan diariamente por mejorar sus utilidades. Este modelo fue inculcado en una época en que las empresas se centraron en los productos. Tal como comentamos anteriormente fue en la época de oro de los cincuenta a los ochenta.

El modelo centrado en el producto nos llevaba a producir más utilidades, ya que teníamos mucho mercado aún que atender. Las empresas se gobernaron más por su participación de mercado que por sus utilidades.

En el viejo orden económico del siglo xx, la participación de mercado de una compañía determinaba el nivel de éxito que tendría. No había ningún problema mientras aumentara su participación en el mercado. Era la cura para todos los males de la empresa.

En aquella época los precios no eran un problema. Éramos pocos jugadores en el mercado; por lo tanto, los precios se determinaban de acuerdo con los costos que tenía la empresa. Pero en los últimos 15 años esta regla del juego ha cambiado. Las empresas padecen de bajos márgenes de utilidad. Muchas, presionadas por su consejo de administración, buscan alcanzar el número, las unidades de productos, sacrificando sus márgenes de utilidad. Pero las empresas deben pensar que crecer es importante, pero más importante es la manera de alcanzar ese crecimiento: es encontrar una fórmula eficaz para la mezcla entre ingresos y rentabilidad.

Las empresas están comprendiendo finalmente que deben pasar de ser organizaciones centradas en el producto a empresas centradas en el cliente. Para ello será necesario que reinventen su negocio, y cada día el ciclo de reinvención se acorta cada cuatro o cinco años.

Para ello será necesario innovar y crear nuevos modelos de negocios y no únicamente lanzar y lanzar nuevos productos al mercado como lo hicimos en los años dorados. Pero muchos aún continúan con ese modelo pagando el precio de bajas utilidades.

Si usted quiere mantener sus márgenes de utilidad, no queda de otra más que reinventar su empresa, diseñando un modelo diferente al que ha tenido hasta hoy.

En suma, antes encontrábamos quién hacía más dinero con sólo buscar quién tenía más participación en el mercado. Hoy gana el que mejor diseñe su empresa para atender el mercado. En el nuevo orden económico en que nos encontramos debe usted tener un equilibrio entre su orientación al cliente y sus utilidades. Reinvente su negocio para cambiar la forma en que llega a sus clientes, ¿cómo?,

> No estamos en una guerra de productos, sino en una guerra de diseños de negocio centrados en el cliente

desviando su concentración en el producto para dirigirla a sus clientes. Todo modelo de negocio que esté centrado en el cliente y en las utilidades hará que su negocio crezca en este nuevo orden económico.

Muchas empresas aún viven en la miopía histórica del cliente leal y no hay tal cosa. No bien conquistábamos un cliente, sentíamos que lo teníamos cautivo, pero ese mundo se acabó. Los clientes tienen demasiadas opciones y usted puede ser sustituido de un día para otro. Por ello debemos ver nuestro negocio con los ojos de los clientes, no con las estadísticas que el marketing presente. Todos los sistemas de CRM, B2B, One To One son la clave para consolidar a su cliente.

En la época de oro de los cincuenta y ochenta, la mayor parte de la información que se analizaba venía de la misma organización. Hoy no tenemos otro camino más que escuchar al cliente, estar cerca de él y buscar fórmulas para comunicarnos más eficientemente con ellos.

De esta forma podremos deducir de dónde obtendremos nuestras utilidades. No olvide que hoy es más difícil encontrar la forma de mejorar nuestras utilidades. Antes, con poner más productos en el mercado era suficiente para tener más utilidades; hoy no todos los productos dan utilidades y muchos de ellos debemos mantenerlos sólo para no dejar espacios a la competencia, sin importar, incluso, el nivel de utilidad que tengamos. Por ello rediseñar su organización es la clave.

Recuerde: no estamos en una guerra de productos, sino en una guerra de diseños de negocios, centrados en el cliente.

El mejor diseño se queda con las utilidades. Hoy muchos grandes del negocio salen de compras al mundo y regresan con un paquete de empresas que les permita tener un poco más de control del mercado. A través de la diversificación es como compensan la disminución de sus utilidades con otros productos y se apoderan de segmentos, blindando su negocio de los nuevos competidores globales. Empresas como Cemex, Bimbo, Maseca, Grupo Carso, Femsa, Mexichem, Nemak o Mabe, han sido muy visionarias y salieron de compras al mundo de empresas regionales para subirse al mercado global y salirse de las drásticas variaciones del mercado local. Así han evitado la dependencia de su crecimiento a las condiciones económicas locales. Ellos verdaderamente han ganado la batalla de la globalización.

> Compita con usted,
> sea duro consigo
> mismo

## Velocidad: la nueva herramienta del éxito

Una variable que está cambiando las reglas de los negocios, producto de la saturación de los mercados, es que la velocidad de respuesta se ha incrementado.

La velocidad se ha transformado en un instrumento de éxito, dado que para los clientes la velocidad tiene connotaciones muy positivas. Los clientes valoran la velocidad como un síntoma de profesionalismo. El mundo de la comida rápida ha sido un método de éxito inigualable. La comida quizás no sea la mejor, ni tampoco el mejor banquete, pero es rápida, con mucho sabor y de bajo precio.

Si usted no cree que la velocidad no es un buen recurso de éxito y un buen negocio para usted, consulte a McDonald's, donde pide una hamburguesa y antes de que termine de hablar ya la tiene en la bandeja. Con este modelo, McDonald's, en su época de oro en los años cincuenta, abría un promedio 1 700 restaurantes al año, uno cada cinco horas. Nada mal para un negocio de velocidad.

Si ello no lo convence vea el éxito de Domino's pizza. Su eslogan dice: "Si en treinta minutos no se la entrego se la regalo". Pregúntese si Domino's le regala el producto; entonces ¿qué compra en esta transacción? La realidad es que en el fondo no le están vendiendo una pizza. Lo que está comprando es un intangible llamado tiempo, que lo puede usted considerar como un servicio diferenciador que refuerza el producto.

La empresa Zara es un emporio que ha entendido que la velocidad de reacción es la clave. El consorcio fabrica aproximadamente 200 000 modelos nuevos de ropa por año. Dos veces por semana, cada encargado de una tienda Zara recibe la mercancía. Los establecimientos ubicados en Europa son abastecidos en 24 horas, el resto del mundo en 48 horas. Esta velocidad de respuesta es el pilar del modelo de negocio y su ventaja ante sus competidores. Es una especie de "Just in Time", llevado al mundo de la moda. Ninguna ropa pasa más de tres días en sus almacenes de distribución que se encuentran en Ateixco, la Coruña-España, que tienen un millón de metros cuadrados de construcción. Zara es la primera empresa en el sector textil en adoptar esta modalidad y con ello ha logrado tomar por sorpresa al mercado.

Si usted recuerda, ya hablamos en el capítulo anterior de que en el mundo de la pulverización el producto pasa a segundo plano. También comentamos que en la saturación de producto ya no tienen el mismo impacto de diferenciación, dado que hay muchos similares. Entonces tiene que adicionar al producto un "concepto" que sea atractivo para el consumidor.

Por lo tanto, los factores intangibles comienzan a ser el producto del producto.

Los factores que no se ven, que no se tocan pero se sienten: ahí es donde el cliente siente la diferenciación, lo único, lo distinto, lo ¡UNIQUE!

El cliente valora todo lo que llene sus cinco sentidos e incluso acepta pagar más por el producto que tenga esa característica. Observe cómo Starbucks se esfuerza por enfatizar el "concepto" de su negocio, más que su propio producto.

# La nueva economía de lo invisible

La escritora Annie Marquier, una estudiosa del comportamiento humano, explica en su libro *La libertad de ser* cómo los seres humanos, desde nuestros orígenes, venimos adoctrinados para dar valor a las cosas. Hemos evolucionado como raza, comprobando que las cosas han sido útiles y son una demostración de evolución. El hombre primitivo en las cavernas descubrió el primer mazo para matar, comer y defenderse; diseñó la lanza, el arco y la flecha: un descubrimiento sin precedentes para matar a larga distancia. Hoy, los automóviles, aviones, relojes, armas, computadoras, muestran nuestra evolución como raza. Este estudio de Annie Marquier pone en evidencia cómo en el mundo empresarial los productos han sido muy útiles porque han creado riqueza y una evidencia del desarrollo del ser humano. De esta forma hemos evolucionado como raza, creyendo que todo lo útil es lo que se toca, pero ya los mercadólogos han identificado con los años que los factores intangibles de un producto se están transformando cada día más en la clave de la decisión de compra.

En un mundo saturado de productos, los factores intangibles asumen el rol más importante en el momento de la decisión.

Muchos empresarios no lo han entendido y sólo diseñan nuevos productos cada día, sin ningún "concepto" intangible que les dé fuerza y poder de atracción para el cliente. Por cientos de años, los empresarios han diseñado productos con características físicas y atractivas, no conceptos atractivos alrededor del producto que apelen a los sentidos de la persona.

Pero hoy finalmente le ha llegado su turno. A pesar de que estamos aún sometidos a la fuerza de la atracción de lo tangible como el motivador de la compra, lo intangible está tomando fuerza. En suma, su inteligencia e imaginación son la clave.

En una economía del exceso como la de hoy, los fundamentos de la competitividad se han ido desplazando hacia las cosas que no podemos tocar. Estamos en el mercado de lo etéreo. Los productos deben emocionar: anhelamos que nos presten atención en un mercado de similitudes aparentes. Lo demás pasa a segundo plano.

Si un empresario dijera que Kentucky Fried Chicken no es más que pollo muerto frito, no comprendería que eso no es lo que la gente compra, eso es lo que come. Pero muchas empresas quieren vender a sus clientes pollo muerto frito, en lugar de venderles un Kentucky Fried Chicken. Luego se quejan de que tienen muchos competidores vendiendo más barato. De lo que no se dan cuenta es de que pollo muerto frito lo vende cualquiera, en cualquier esquina en cualquier lugar de la Tierra al precio que se le antoje. Igualmente las mujeres no compran un bolso de mano cuando compran un Louis Vouton, un iPod, un teléfono celular, un Mercedes-Benz o un BMW; no compran un producto: compran una idea.

Por lo tanto, no confunda lo que vende con lo que el cliente siente cuando compra en un mercado saturado de cosas.

Le pido que tome conciencia de que se ha desatado en nuestro mundo el nuevo mercado emocional de los sentidos y de las sensaciones: los productos son sólo medios en el mercado del exceso de ofertas.

Si usted trata de vender café, su mente nunca podrá conceptualizar un Starbucks como negocio; si vende al Ratón Miguelito nunca podrá imaginarse un Walt Disney; si vende verdura nuca podrá diseñar un negocio como Wal-Mart. En el mercado del exceso del siglo XXI no puede vender un producto a sus clientes, sino que debe vender lo que los clientes esperan recibir de sus productos.

El empresario que no entienda la "economía de lo invisible" tendrá que sufrir las consecuencias de la rápida obsolescencia de sus productos y la disminución progresiva de las utilidades en cada venta que realice, ya que tendrá que enfrentar su precio a "productos" similares al suyo. Ésta es una guerra frontal.

Es necesario que los empresarios comiencen a comprender la nueva fuerza de lo intangible, como si fuera el producto alrededor del producto el que motiva a la compra, estimula los sentidos e inspira a sus clientes. Así lo ha diseñado magistralmente Starbucks, quien alrededor de un café creó un concepto intangible que es el detonador de compra.

## Todo modelo de negocio está destinado a ser obsoleto dentro de un año

Este título es una frase extraída del libro biográfico de Bill Gates.

Su genialidad al descubrir un producto para el mercado masivo del mundo le exige siempre estar a la vanguardia. Bill Gates comenta que maneja su negocio bajo este principio, dado que hay muchos competidores con el interés de ganar la batalla del cliente, desde que inició en noviembre de 1985.

Con esa consigna en mente, todos lo años decide lanzar un producto nuevo que renueve el que ya tiene. Lo particular de su idea es que no rediseña un producto satélite del producto central que más vende. Por el contrario, modifica el producto central. Con esta forma de pensar ha logrado una empresa exitosa que produce 51 000 millones de dólares con 79 000 empleados.

Gates comenta: "Yo soy el competidor más duro que tengo dentro de la empresa". Todo el tiempo hay que pensar en cómo destruir mi mejor producto y construir uno mejor. Aduciendo que, si yo no cambio mi producto, ¿quien cree usted que sí lo hará? Sin duda, mi competencia. Bill Gates no está dispuesto a ceder ni un milímetro de su hazaña con Microsoft.

Lo invito a que aplique también este principio en su negocio. Identifique su mejor servicio, destrúyalo y haga uno mejor, cambie su mejor producto y haga otro mejor. Compita con usted, sea duro consigo mismo. No se acomode en su zona de confort sólo porque hoy vende mucho. Justamente porque tiene éxito es que todos, absolutamente todos sus competidores intentarán copiarlo, mejorarlo y vender más barato que usted.

Muchas empresas desisten de esta idea ya que consideran que si sacan un producto mejor, se estarán canibalizando. Estarán quitándole fuerza al producto de mayor utilidad y demanda. Este concepto puede ser el detonador de su fracaso en el nuevo perfil del mercado del siglo XXI.

Tome conciencia de este principio para mercados saturados:

PRINCIPIO: "En el mundo de la sobresaturación, el éxito no puede protegerse por mucho tiempo. Será copiado, imitado y atacado de frente".

No es posible proteger el éxito evitando sacar un producto nuevo suyo que compita con su mejor producto. El mercado está saturado de personas listas con dinero capaces de hacer lo que sea por tomar su parte del pastel. En mercados saturados, intentar proteger su éxito es un acto suicida, son muchos competidores intentando copiar una idea de éxito.

Su mejor protección es hacer un producto cada día mejor, un servicio mejor, una atención mejor, un modelo financiero mejor, una distribución mejor.

Es el mejor blindaje de sus clientes contra los competidores. El perfeccionamiento en la innovación es un principio que llegó para quedarse, mientras usted se dedique al mundo de los negocios. Hay un AXIOMA que refuerza este principio.

AXIOMA: "Nada fracasa más que el éxito".

No permita que sus competidores tomen ventaja de su éxito. En la historia hay muchos ejemplos. "Recuerde que los estadounidenses inventaron la televisión, pero los japoneses son los que han hecho dinero con la idea."

Las siguientes estrategias han sido una gran alternativa de crecimiento para muchas empresas:

1. Crezca verticalmente introduciendo nuevos productos y servicios para vender más por cliente.

2. Crezca horizontalmente teniendo más productos para nuevos segmentos de mercado.

3. Sea un fanático del servicio: no se concentre en sólo sacar nuevos productos. Su producto debe ser complementado por un servicio único, con una ventaja evidente.

4. Crezca en zonas, regiones, países. No deje lugar sin atender, que no se le haga lejos ningún lugar del país ni del mundo.

5. Renuévese para mejorar lo que hace e innove para diseñar lo que aún no tiene.

6. Sea un líder en costos: la guerra de precios no sólo exige innovación, sino también eficiencia para competir con buenos márgenes de utilidad.

7. Tenga la mejor gente. El secreto es resolver los problemas ante el cliente, no sólo en su sala de consejo.

8. Diseñe una estrategia que revolucione su mercado. No crezca sólo en ingresos sacrificando sus utilidades.

# CAPÍTULO 6

# Cuanta mayor incertidumbre más estrategia

EN ESTE CAPÍTULO:

- Verá que en mercados con mayor incertidumbre es necesaria una certera estrategia de negocios.
- Comprenderá por qué las empresas de éxito compiten no sólo en productos, sino también en diseños únicos de negocios.
- Tomará conciencia de que la mentalidad de crecer un porcentaje mayor que el año anterior no es la mejor referencia en mercados saturados de competidores.
- Identificará que en un mercado globalizado es más importante una estrategia de implementación que tener solamente una buena estrategia de negocio.
- Conocerá cómo algunas empresas están padeciendo por definir su modelo estratégico con paradigmas sustentados en sus éxitos anteriores.
- Tomará conciencia de las limitaciones que usted puede tener para identificar una estrategia que verdaderamente cambie las reglas del juego del mercado.
- Comprenderá que su secreto de éxito está en el diseño de un negocio que le permita triunfar en un mercado saturado de productos similares al suyo.
- Identificará por qué muchas empresas confunden en su negocio mejoras con innovación y, en consecuencia, no crecen.
- Podrá aplicar una serie de preguntas que le permitirán identificar si su estrategia de ejecución es eficiente o debe cambiar.

> Cuando el ritmo del cambio del entorno es mayor que el ritmo del cambio interno de su empresa, su final está cerca.

MARIO BORGHINO

## No estamos en guerras de productos, sino en guerras de diseños de negocios

Ante un mercado que tanto ha cambiado, el problema está en que algunas empresas se resistirán a cambiar lo aprendido. El interés de una empresa por arraigarse en el pasado se debe a sus éxitos económicos y a sus anhelos emocionales. Para que una empresa tenga éxito en un mercado de cambios tan profundos, será necesario que considere varios puntos.

- Tener una definición correcta del mercado en que está enfocado.
- Tener claro en dónde se hace el dinero en su empresa.
- Tener claridad de su estructura financiera.
- Tener flexibilidad para adquirir capacidad de recuperación ante los cambios.

Muchas empresas no lograrán alcanzar el progreso por su falta de adaptabilidad a los cambios. Tal como en la prehistoria los dinosau-

rios no lograron su adaptabilidad, muchas
empresas pueden pasar por el mismo proceso.

En un mercado con tal nivel de incertidumbre como el de hoy, la estrategia se
vuelve el componente vital del crecimiento.

> Hay que adecuar
> el ritmo de su
> empresa al ritmo
> de los cambios del
> entorno

La velocidad con que usted se sume al cambio le permitirá subirse a
los cambios subsiguientes.

Pero si usted no logra acelerar el paso, puede costarle muy caro
ya que no podrá subirse a la ola de la nueva tendencia. Entonces no
alcanzará sus metas y lo despedirán con la frase de la película de Ar-
nold Schwarzenegger cuando dice: "Hasta la vista, baby".

Ya vimos anteriormente que en el nuevo modelo económico de
mercado las estrategias mueren antes de lo que solían hacerlo. La realidad es que la imitación disminuye los niveles de vida de su diferenciación estratégica. Por ello, cuando usted diseñe una estrategia, no
dude que será escaneada por sus competidores para imitar y mejorar
sus acciones. La realidad es que el mercado se reinventa con mayor
rapidez que muchas compañías.

Pero como dijo un ejecutivo de AT&T: "Cuando el ritmo del
cambio del entorno es mayor que el ritmo del cambio interno de su
empresa, su final está cerca".

Al cambio no le importan sus años en el mercado, ni le interesa
cuánto dinero ha hecho o cuán rico sea, sólo le importa su velocidad
de respuesta.

Si usted diseña una nueva estrategia, el peligro que corre es que
sea una estrategia perfecta pero con paradigmas viejos. La mayoría de
los planes estratégicos de las empresas son una mera traspolación
de sus viejas ideas, pero con metas 5% más elevadas que el año pasado. A ello le llaman estrategia de negocio.

# La paradoja de crecer más que su año anterior

Muchas organizaciones se vanaglorian que año con año logran sus números y crecen más que el anterior. Su eslogan en las reuniones de consejo es que todo va muy bien, que los accionistas están contentos y entonces brindan con champaña. Lo paradójico del tema es que en un mercado de acelerado crecimiento donde la regla es que no hay reglas, medir su crecimiento con base en su crecimiento histórico comienza a convertirse en una fantasía que a muchas empresas les cuesta identificar en etapas tempranas.

Estas empresas que se concentran en el crecimiento histórico dejan de ver su mercado total sin preguntarse: ¿cuántos competidores han crecido en los últimos años en mi segmento de mercado? ¿Cuántos millones de dólares han logrado vender? La gran pregunta es: ¿cómo es posible que yo crezca un 5% anual y los nuevos competidores también crezcan en mi segmento?

La respuesta está en la miopía de la visión histórica. Al observar el mercado con el espejo retrovisor, no vieron el potencial del mercado total.

No analizaron puntos como:

- Productos sustitutos
- Diversidad en rangos de calidad y precios
- Nuevas aplicaciones del producto
- Revolucionarias formas de distribución de sus productos
- Nuevos esquemas de comercialización financiera
- Novedosas relaciones y acercamientos con sus clientes

Estos nuevos competidores crecen en la porción de mercados no atendidos por nosotros. Crecen apoyándose en nuestros clientes que optan por diversificar sus compras con otros proveedores, y dejan de comprarnos el volumen total a nosotros. El secreto no es tanto la participación de mercado como el análisis de la participación por cliente, que es la que no contemplamos. Esto es imperceptible ya que si nuestro cliente crece, nos comprará más que el año pasado. Pero no detectamos la diversificación de su consumo con otros competidores que hace algunos años no existían. El equipo de ventas no lo comunica ya que vende lo prometido al cliente y cubre su cuota. Todo el mundo vive de un éxito aparente.

> Las mejoras pueden ser imitadas fácilmente: los grandes cambios no

Esta falsa percepción de crecimiento ha tomado por sorpresa a muchas empresas, principalmente a aquellas que venden materia prima y bienes de consumo, como fertilizantes, alimentos, azúcar, productos químicos, en general todo producto de consumo repetitivo de alta rotación.

Empresas que venden alta calidad, que antes eran proveedores para todos los segmentos del mercado, han visto cómo sus mercados se fragmentan ante sus ojos, y por lo tanto han abierto un nicho para aquellos que no requieren tanta calidad de materia prima: aquellos que por ser más pequeños son más rápidos y tienen menos costos de operación. En suma, si usted es grande, lento y costoso, está en un gran peligro en el siglo de la masificación de productos.

Lo cierto es que en mercados sobresaturados de productos, la fragmentación se activa como una inercia natural, provocando que muchas empresas pierdan una gran participación del mercado total, perdiendo también un gran porcentaje de los clientes.

Si usted ha crecido en los últimos años 5 o 10% en sus ventas, verifique cuántos millones de dólares están vendiendo los nuevos competidores que han surgido en los últimos cinco años. Lamento decirle que si concluye que han crecido mucho, es gracias a su percepción histórica de crecimiento, ya que su mercado seguramente ha crecido mucho más.

Esta falsa percepción de éxito limitará su expansión de crecimiento exponencial como tuvo hace algunos años. Ésta es la razón por la que muchas empresas tienen crecimiento tan anémico: el nicho se saturó sigilosamente por ver el mercado por el espejo retrovisor.

Proceso integral

(90% lo aprendemos fuera de negocio)

Fuera de la caja
(nichos y oportunidades)

Tarjeta balanceada
(tablero de control

PARADIGMAS → PLANEACIÓN ESTRATÉGICA → EJECUCIÓN

## Implementación estratégica

Muchas empresas, cuando quieren pensar en su futuro, llevan a sus altos ejecutivos a un hotel muy lejano del ruido de los negocios. Lo paradójico es que sólo piensan durante dos días y luego invierten todo el año convenciendo a su gente de que la lleven a cabo. Finalmente el presidente tiene que imponerse y los ejecutivos sólo se responsabilizan por su área, pero no por los objetivos estratégicos de la empresa.

> Tendrá que renovar lo que hace para ser un mejor competidor y hacer mejor lo que hoy hace

Ello los focaliza en el bono y no en la estrategia. También contribuye a la fragmentación y a la falta de cooperación entre áreas, ya que su intención primaria es cumplir con sus objetivos personales, no con los objetivos organizacionales.

Le aconsejo en el futuro invertir tiempo en planeación estratégica. Así mismo, durante los próximos 6 meses trabaje en diseñar un "modelo de implementación" de su estrategia. La queja más frecuente de los ejecutivos asiáticos a los ejecutivos occidentales ha sido exactamente ésa. El poco tiempo que invierten los occidentales en definir el corazón estratégico de su empresa provoca que luego tengan que perseguir a sus ejecutivos durante todo el año para que se acuerden de la estrategia que está lujosamente escrita, pero sin un análisis profundo de implementación. De ahí fue el surgimiento del modelo de la tarjeta balanceada que se ha vuelto tan popular, aunque sus alcances son limitados en la mayoría de los casos. Esto se debe a que fue diseñada por especialistas para procesos continuos de producción, y no para sistemas comerciales y de administración de negocios. Se dice que el 70% de los procesos de la tarjeta balanceada no logran aplicarse con éxito. He confirmado con muchas empresas que terminan por diseñar su propio modelo de implementación.

> No puede construir un nuevo edificio sobre cimientos que fueron creados para otro modelo estratégico de negocio

Es tan importante definir la visión estratégica como definir la estrategia de implementación de la estrategia. Ahí es donde la ejecución tomará partido de sus decisiones y marcará la diferencia en el mercado. El buen ejecutor se queda con el dinero del mercado.

## Barreras de una novedosa estrategia

Diseñar una estrategia con paradigmas viejos puede limitar el descubrimiento de las nuevas tendencias del mercado y perder su paso.

Tal fue lo que sucedió con IBM en los años noventa, con el famoso especialista en estrategias Mikel Porter de la Universidad de Harvard, quien era en esa época el estratega de cabecera. Por años, definieron su estrategia basándose en el paradigma tradicional de que su negocio

El secreto está
en el diseño de
su negocio

eran las computadoras. Con ese principio en mente definían el tipo de mercado a atender (grandes empresas) y su prioridad era mantener el liderazgo en tecnología para producir enormes cerebros electrónicos.

Basado en ese concepto, se definían estrategias correctas técnicamente hablando, pero basadas en un paradigma que gracias al avance de la tecnología creó el espacio para la invención de las computadoras personales.

Nunca pudieron ver la oportunidad de las computadoras personales ya que ése no era su negocio. Las computadoras fue el negocio que los vio nacer, que los transformó en la empresa más poderosa del mundo, con una tecnología para atender grandes proyectos. Con ese modelo de pensamiento les fue difícil cuestionar su paradigma de éxito. Precisamente porque era muy exitoso, ¿a quién le preocupaba cuestionarlo? No estoy criticando a IBM, ya que la admiro y considero una empresa ejemplar, pero es necesario tomar conciencia de que si usted tiene mucho éxito, le será muy difícil cambiar si está haciendo mucho dinero. Al contrario, intentará repetir el modelo una y otra vez.

Lo paradójico fue que el repunte que logró Louis Gerstner en IBM no fue por salirse de las computadoras, sino que, decidió vender en 1 200 millones de dólares en 2004 la división de sus computadoras personales a Lenovo Group Ltd., de China, para que ésta se peleara por el mercado con Hewlett Packard y Dell. Así logró darle la vuelta a IBM, aumentando aún más su foco en las grandes computadoras, ya que Gerstner sabía que IBM continuaba siendo el dueño de ese nicho y no hay otro competidor en el mundo, y tuvo razón.

Lo sorprendente es que las computadoras portátiles Lenovo son las que hoy encabezan la lista de mayores ventas en el mundo, con 18.4%, seguido de Hewlett Packard con 13.9%, Dell con 7.8% y Acer con 6.1%. Por lo visto, IBM tuvo razón.

Para cuestionar el paradigma que usted tiene, debe pensar fuera de la caja. Le sugiero aprender de los errores de los grandes, no importa si usted tiene una pequeña tienda o una gran empresa. No cometa el error de pensar fuera de la caja de su modelo actual, porque no lo llevará a encontrar nuevas oportunidades, sino sólo le permitirá mejorar la caja en la que hoy trabaja su modelo estratégico.

Tendrá que RENOVAR lo que hace para ser un mejor competidor y hacer mejor lo que hoy hace, ya que INNOVAR sobre cimientos antiguos y poco actualizados puede ser un error estratégico. No puede construir un nuevo edificio sobre cimientos que fueron creados para otro modelo estratégico de negocio.

Deberá INNOVAR para construir una nueva estrategia construida en un paradigma diferente. Espero que pueda encontrar la forma de identificarlos cuando lleguemos al capítulo de las estrategias que están aplicando las nuevas organizaciones para crecer en el mercado saturado.

## Miopía de mercado

La mayoría de las empresas sufren la miopía del éxito. Sólo ven oportunidades de mejora y eso no tiene nada de malo. Pero eso no lo va a llevar a los grandes resultados; las mejoras pueden ser imitadas fácilmente: los grandes cambios no.

Cuando Steve Jobs diseñó su primera computadora en un garaje, cuestionó el paradigma tradicional de una computadora. La clave fue la definición del mercado meta: ¿el mercado de las grandes empresas o el mercado de las personas? El nuevo paradigma permitió a Steve Jobs crear un nuevo producto para el mercado de las personas. Una sola idea cambió la visión del mercado de la computación mundial y lo multiplicó en millones de oportunidades de venta. Fue la capacidad de ver más allá del mercado de los grandes conglomerados para descubrir la oportunidad de las personas. Con este nuevo paradigma el mundo cambió para siempre.

Igualmente fue la idea tan simple de Domino's Pizza. Cualquier restaurante de pizzas podía mejorar y hacer una pizza más sabrosa, pero usted tenía que comerla sentado o tenía que venir una hora más tarde a recogerla. Evolucionar en el viejo paradigma permitía una mejora continua de los ingredientes de la pizza y del servicio del restaurante, o promociones más creativas. Pero Domino's Pizza cambió el mundo para siempre con diseñar un nuevo tipo de negocio entregando pizzas a domicilio. ¿Se imagina usted por un instante que no existía antes un modelo como tal en todo el mundo? ¿No parece esto demasiado simple? Pero fue una idea de tal magnitud, que una motocicleta cambió la modalidad de disfrutar ya no sólo pizzas, sino también cualquier otro producto que pueda ser entregado a domicilio en corto tiempo.

Le aconsejo que no haga de su estrategia una extensión de su viejo modelo ya que sólo le permitirá, en el mejor de los casos, sobrevivir.

Esta miopía de ver fuera de la caja confirma que a aquellos que llevan muchos años en un negocio les es más difícil encontrar nuevas ideas.

Esto explica por qué el correo no creó un negocio como Federal Express, sino que fue creado por un estudiante que hizo su tesis de graduación de ese diseño de negocio. Explica también por qué los bancos no crearon las tarjetas de crédito o ¿por qué a empresas de computación como Hewlett Packard no se les ocurrió crear un negocio como Dell, siendo que habían comprado la empresa de Lap-Tops Compaq en el año 2002?

El principio del cambio de paradigmas dice que los grandes cambios frecuentemente vienen de personajes que están fuera del negocio. Aquellos que tienen muchos años saben tanto del viejo negocio, que no pueden ver las tendencias invisibles de las nuevas oportunidades.

Por ello cuestiónese lo que sabe, cuestione todas las verdades absolutas de su mercado y de su negocio para subirse a la nueva dimensión del mundo de los mercados saturados.

# El secreto está en el diseño de su negocio

Para diseñar una estrategia en mercados saturados, primero debemos comprender que no estamos en una guerra de nuevos productos, sino en una guerra de diseños de negocios. El que diseñe el mejor negocio se queda con el mercado por un largo tiempo.

Aplicaciones letales

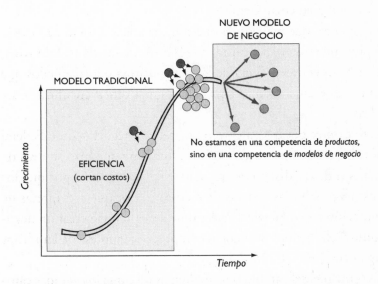

NUEVO MODELO DE NEGOCIO

MODELO TRADICIONAL

No estamos en una competencia de *productos,* sino en una competencia de *modelos de negocio*

EFICIENCIA (cortan costos)

*Crecimiento*

*Tiempo*

Los productos son fáciles de imitar, son fáciles de igualar. No me malinterprete: considero necesario lanzar nuevos productos al mercado todo el tiempo, ya que diario nace un competidor nuevo o un producto nuevo del mismo competidor.

Pero el diseño de nuevos negocios es la clave para que usted logre los grandes resultados en su empresa.

Corte sus gastos y sirva en forma excelente; así, su mercado podrá sobrevivir.

Pero cuando el mercado se encuentra sobresaturado de competidores igual que usted, deberá rediseñar su negocio, si es que quiere aumentar sus utilidades.

Así como Apple era un negocio diferente de IBM, Federal Express lo fue para el correo, Dell lo fue para las laptop, Starbucks lo ha sido para las cafeterías, Southwest lo fue para la aviación doméstica, Virgin Atlantic para la aviación transatlántica Wal-Mart para los supermercados, iPod para escuchar música y muchos más que usted conoce.

Sus éxitos no provienen de pensar parcialmente fuera de la caja antigua, sino de pensar verdaderamente totalmente fuera de ella y de ver el diseño del negocio como una oportunidad de cambio, y no sólo como el diseño de nuevos productos en el mercado tradicional. Para pensar fuera de la caja y ver el mundo diferente tendrá que redefinir el concepto que usted tiene de su negocio.

Si continúa definiéndolo como siempre, seguro mejorará lo que hace, pero no podrá crear una revolución en su mercado. No es fácil, ya que la mayoría tiende a imponer ideas preconcebidas, dándose cuenta de inmediato que no se puede.

Usted, como director ejecutivo, debe convencer a su gente de no confundir el borde del camino con el horizonte: aquellos que dicen que no se puede deben salirse del camino de aquellos que dicen que sí se puede. A ninguna empresa el mercado le pega en los ojos, les pega en su sien. Como es un aviso intangible, es difícil comprender el grito de ¡cambia ya de una vez!

Cuando diseñe su próxima estrategia debe hacerse las siguientes preguntas:

1. ¿Tiene su estrategia la fuerza para cambiar las expectativas de sus clientes?

2. ¿Tiene el poder de cambiar la ventaja competitiva de su servicio?, ¿en qué son únicos?

3. ¿Tienen el poder suficiente para cambiar las reglas del juego del mercado?

4. ¿Tiene la capacidad de crear un nuevo concepto para atender a sus clientes?

¿Mi estrategia actual es mejor que mi estrategia del año pasado o de los últimos cinco años? ¿Por qué debo cambiarla si la actual me está funcionando?; ésta será la respuesta que determinará su futuro. Tiene que focalizar su mente en ver su mercado en los próximos 5 años, y no estar pensando en cómo va a hacer dinero en los próximos 12 meses. No confunda una estrategia de negocio con una estrategia operativa, para saber qué es lo que haremos en los próximos 12 o 24 meses.

Recuerde que cuanto menor sea la complejidad del cambio de su estrategia, mayor será la posibilidad de ser imitado de inmediato. Vea la siguiente escala de complejidad de imitación estratégica:

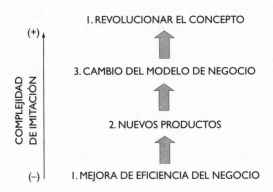

*"Cómo competirás es más importante que dónde competirás"*

- Si usted mejora la eficiencia interna, logrará mejores márgenes de utilidad y tendrá a sus clientes más contentos. Tendrá diseños nuevos de cómo operar su negocio en la línea, pero podrá ser imitado y tendrá que mejorar todos los lunes.

- Si lanza nuevos productos, deberá poseer una gama muy grande de productos que le permita atender todas las posibilidades económicas de los consumidores.
- Si cambia el modelo de negocio será más difícil poder ser imitado. La competencia tendrá que luchar mucho para alcanzarlo. Tal es el caso de Starbucks o Wal-Mart.
- Si logra revolucionar el concepto de su negocio, seguramente estará jugando el juego de Steve Jobs con su Apple y su iPod.

Como usted podrá observar, hoy la estrategia es un reto de innovación. Debe tener un valor único que lo distinga en el mercado: los productos no necesariamente lo sacarán adelante. Esto sucedería sólo si tuviera una gama muy amplia de ellos que le permitiera atender todos los niveles socioeconómicos, como lo han hecho muchos fabricantes de televisores como Samsung, Sony y Bimbo con su gama de panadería.

Recuerde que el 90% de lo que usted aprende para diseñar su nueva estrategia lo encuentra fuera de su empresa. No está en los análisis internos del comportamiento de su empresa, sino en el comportamiento del mercado y alrededor del vacío que existe en nichos no atendidos.

Recuerde también que concentrarse en la eficiencia operativa y no en las tendencias del mercado limitará su capacidad para encontrar ideas que revolucionen el negocio en los próximos años.

Una de las reglas que han cambiado en el mercado saturado es que el tamaño de la empresa no necesariamente implica grandes utilidades. Hay empresas medianas que tienen márgenes superiores. "Hoy hay que ser el mejor, no el más grande", hoy debe consolidar cualquier idea fugaz que surja. No olvide que en los mercados de los ochenta los grandes eliminaban a los pequeños. Pero en el mundo de la sobresaturación los rápidos acaban con los lentos. Como decía el libro de Lou Gerstner: "Debemos enseñar a los elefantes a bailar".

El recorte de gastos es una medida imprescindible pero no suficiente para continuar su proceso de crecimiento. El recorte de gastos debe ser para siempre, debe arraigar una cultura de costos en su empresa.

Revolucione su negocio. Ya sea rediseñando el modelo de negocio o rediseñando su producto para revolucionar el mercado, como lo fue en su momento un Post-IT o el iPhone de Apple. Por ejemplo, la revolución de Apple con sus iPhones logró conquistar en los primeros cuatro meses de su lanzamiento el 19.5% del mercado de los teléfonos.

También lograron vender 4 000 millones de canciones, a 99 centavos de dólar cada canción.

En la navidad de 2007 lograron vender 20 millones de canciones y 125 millones de series de televisión.

Con el rediseño revolucionario de su producto, Apple anunció ganancias por 9 600 millones de dólares, en el primer cuatrimestre, siendo el 42% de iPod y el 16% de laptops.

Esto confirma que rediseñar su producto no significa que lo mejore sino que revolucione el mercado con su nuevo diseño. No se preocupe si es un pequeño fabricante o si pertenece al tamaño de Apple; lo importante es que visualice lo que hay detrás cuando piense en diseñar nuevos productos para sus clientes.

Le aconsejo que aplique el siguiente consejo:

*Innove no para mejorar, sino para cambiar las reglas del juego del mercado.*

Pero si decide incursionar en el rediseño de su negocio podrá entrar en el mundo de Cirque du Soleil, que cambió el concepto del circo en el mundo. Con este nuevo diseño de negocio, han logrado ingresos por 600 millones de dólares, con 3 800 empleados de

40 países. Hoy tienen 15 espectáculos en los cuatro continentes en forma permanente. Nada mal para un nuevo diseño de negocio que surgió en las calles de Toronto.

Para que usted observe cómo su mente opera cuando piensa en su estrategia, lo invito a que realice el siguiente ejercicio. Focalice su vista en la cruz del centro por unos segundos...

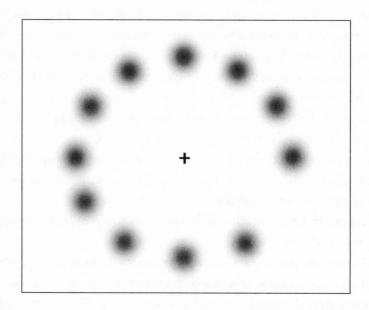

Este ejercicio le confirma que si usted se focaliza en lo que sabe (en este caso está representado por la cruz del centro), ese conocimiento estará tan fijo en su mente que no le permitirá ver las nuevas oportunidades (representadas por los puntos oscuros que desaparecen). Tal como desaparecen los puntos oscuros, también desaparecen de su mente las nuevas oportunidades. La mente sólo procesa con facilidad información que ya tiene registrada. No es fácil para ella ver la fotografía total del mercado: ve lo que su mente le permite ver, ya que ésta ha sido educada con experiencias exitosas de su pasado.

Si verdaderamente desea aprender cómo rediseñar su empresa y tener éxito, lo invito a que lea la historia de Richard Branson, fundador de Virgin Group.

Virgin es actualmente una de las principales marcas del Reino Unido. Su fundador Richard Branson se ha convertido en una celebridad internacional, así como lo fue Jack Welch en su tiempo.

Es objeto de numerosos artículos en revistas de sociales, en revistas de negocios y en la televisión. Se ha convertido en el héroe popular y se le menciona frecuentemente como un modelo para los jóvenes que desean tener una carrera exitosa en los negocios. A los cuarenta años era una de las personas más ricas de Gran Bretaña, con un imperio que comprende negocios de viaje (Virgin Atlantic), negocios de comunicación (libros, estaciones de radio y televisión, juegos para computadoras y video), negocios de comercio minorista (Virgin Megastore), cosméticos V2, teléfonos celulares y hoteles. Un emprendedor diseñador de negocios que inició su imperio sólo con ideas de cuando era estudiante.

Lo invito a que cuando diseñe su estrategia de negocio vea todas las oportunidades.

No olvide que no estamos en una guerra de productos, sino en un mercado de nuevos diseños de negocios. Lo invito a que diseñe su nuevo negocio capaz de construir un diferenciador que cambie las reglas de su mercado.

## AUTOEVALUACIÓN

Marque aquellos puntos que más describen la realidad de su negocio hoy:

—— 1. Debemos mejorar la implementación de las estrategias.
—— 2. Deberíamos tener más claridad en los objetivos.
—— 3. Deberíamos trabajar las áreas más colectivamente.

———— 4. Deberían mejorar los sistemas de medición de resultados.

———— 5. No es fácil tener la información necesaria y a tiempo.

———— 6. Necesitamos cooperar más y trabajar en equipo.

———— 7. Necesitamos mejorar nuestras juntas de evaluación de resultados.

———— 8. Tenemos que sistematizar el seguimiento de los objetivos.

———— 9. Necesitamos mejorar la información que recibimos de otras áreas.

———— 10. La evaluación de desempeño debe estar mejor alienada a los resultados.

———— 11. Debemos mejorar el facultamiento a nuestra gente.

———— 12. Los compromisos individuales deben ser más claros.

Si usted marcó más de 8 de los 12 puntos, necesita mejorar el sistema de ejecución de su estrategia.

# CAPÍTULO 7

# Innovar o morir

EN ESTE CAPÍTULO:

- Sabrá por qué existen estrategias que han sido letales en negocios que fueron exitosos por muchos años.
- Comprenderá por qué las innovaciones alteradoras son las que más han tenido éxito en mercados saturados.
- Identificará las características de las innovaciones progresivas y las características de éstas en los resultados de los negocios.
- Tomará conciencia de que estamos en la era de la revolución de los negocios, por encima del capital y de los años en el mercado.
- Conocerá ejemplos de productos y empresas que han tenido un éxito inusitado al crear innovaciones en sus mercados.
- Recibirá consejos de cómo construir ideas innovadoras que le permitan cambiar las reglas de los negocios en su segmento de mercado.
- Tendrá varios ejemplos de empresarios innovadores y su impacto en los mercados que han incursionado.
- Identificará cómo es que ideas innovadoras también producen fracasos.

Innove no para mejorar, sino para cambiar las reglas del juego
del mercado.

MARIO BORGHINO

## Innovaciones letales

Uno de los elementos más importantes y necesarios para lograr su
crecimiento en una economía de mercado como la de hoy es desarrollando en el consumidor el interés por comprar productos que nunca
antes habían existido.

El cofundador de Intel le llamó a este modelo *discontinuous inno-
vations* en su libro *Incide the Tornado*.

Una innovación de tal magnitud es un producto para una nueva
categoría que introduce una nueva tecnología y proporciona un beneficio sin precedentes.

No bien se diseña un producto y el consumidor lo acepta. La responsabilidad es continuar con la innovación, para hacer el producto
mejor, más rápido y más barato como el caso del iPhone de Apple.

# Discontinuidad

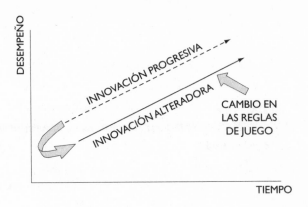

No bien usted diseña un nuevo producto con características únicas, necesita diseñar nuevos productos alrededor de él, como son aditamentos, consumibles e incluso nuevos tipos de productos provenientes precisamente del producto nuevo, ya sea en tamaño, color, características, nuevos componentes, precio, etc., toda una industria alrededor de la innovación alteradora del mercado.

> Las innovaciones reinventan y crean nuevas alternativas

En la historia del mundo hemos tenido casos muy representativos. Cuando la aparición del cine, el teatro cayó estrepitosamente, ya que el cine fue un buen atractivo para el consumidor. La televisión no logró el mismo impacto, pero sí cambió por completo y para siempre la tendencia que venía teniendo el cine.

La aviación tuvo el mismo impacto para el transporte de pasajeros en tren y el manejo de carga. Cuando surgió el telégrafo, la entrega de correspondencia por tierra desapareció casi instantáneamente. La nueva tecnología para transmitir información destruyó el antiguo negocio.

Cuando una innovación altera las condiciones tradicionales, el antiguo producto o servicio pierde su valor. Tal fue el caso de empresas como Federal Express, un modelo diferente de hacer lo mismo. También las máquinas de escribir IBM de esfera u Olivety con su estrella se vieron arrasadas con la innovación de la computadora personal con el Windows de Microsoft. Lo mismo sucedió cuando Alexander G. Bell introdujo el teléfono e impactó el negocio tradicional del telégrafo.

Muchas innovaciones alteradoras no necesariamente eliminan las anteriores (la radio no desapareció por la invención de la televisión), sino que se reinventan y crean nuevas alternativas.

Algunos ejemplos de la historia pueden darle una imagen del efecto de las innovaciones alteradoras:

| Nuevos productos | Año | Impacto |
|---|---|---|
| TÉLEFONO | 1876 | Telégrafo |
| AUTOMÓVIL | 1885 | Ferrocarril |
| RADIO | 1890 | Periódico |
| AVIONES | 1903 | Automóvil y trenes |
| TELEVISIÓN | 1946 | Radio y periódicos |
| COMPUTADORA PERSONAL | 1978 | Máquina de escribir |
| E-mail | 1984 | Teléfono y correo |

El poder de una innovación alteradora consiste en que tiene la particularidad de impactar a un sector de la industria. Por ejemplo, cuando la computadora personal se introdujo en los setenta, impactó al consumidor y a la forma en que se venían manejando los negocios. La nueva innovación hizo que el consumidor gastara más dinero en algo que tenía un gran beneficio para él, para su economía y administración de sus negocios. Toda innovación de este tipo tiene la particularidad de mejorar sustancialmente lo que se venía haciendo.

# La revolución de las ideas

Debemos entender que estamos en la era de la innovación. El dinero no es tan importante como la imaginación para resolver problemas del mercado. El 90 % de los grandes éxitos del mundo empresarial ha surgido de la mente, no del bolsillo. Muchos de los más grandes emporios construidos en los últimos 30 años fueron creados por personas que no tenían un centavo cuando iniciaron.

> Si su negocio es pequeño no es por falta de dinero, es por falta de grandes ideas

Pregúntese:

- ¿Cuánto dinero tenía Fred Smith cuando fundó Federal Express en 1971? La idea provino de su tesis de graduación en la universidad. Hoy es una organización de 36 000 millones de dólares con 275 000 empleados.
- ¿Cuánto dinero tenía Bill Gates cuando comenzó con Microsoft en 1975 en Albuquerque, Nuevo México? Fue un estudiante que abandonó la escuela en el segundo año de su carrera. Hoy es la corporación de 51 000 millones de dólares con 79 000 empleados.
- ¿Cuánto dinero tenía Michael Dell cuando fundó Dell Computers en 1984 en Austin, Texas? Él construía las computadoras en su dormitorio mientras estudiaba en la Universidad de Texas. Hoy es una corporación de 57 000 millones de dólares, con 95 000 empelados, considerada como la empresa más admirada de Estados Unidos.
- ¿Cuánto dinero tenía Howard Shultz cuando fundó Starbucks en 1971, como cafetería, té y especias vendiendo el café a 50 centavos de dólar la taza, en una pequeña cafetería en Seatle, Washington? Esto se transformó en una corporación de 672 000 millones de dólares con 172 000 empleados y 15 000 cafeterías en 44 países.
- ¿Cuánto dinero tenía Richard Branson cuando fundó en 1972 la disquera Virgin? Su proyecto inició cuando era estudiante

vendiendo revistas de música diseñadas por él entre los estudiantes. Hoy es una corporación de 20 000 millones de dólares, con 35 000 empleados.

- ¿Cuánto dinero tenía Steve Jobs cuando en un garaje creó APPLE Computer en 1976? Hoy es una corporación de 24 000 millones de dólares con 17 000 empleados.

- ¿Cuánto dinero tenía Guy Laliberté cuando fundó Cirque du Soleil en 1985, cuando un grupo de acróbatas de las calles de Montreal decidió montar un nuevo tipo de circo? Hoy es una empresa de 600 millones de dólares, con 3 800 empleados.

- ¿Cuánto dinero tenían los jóvenes emprendedores Larry Page y Sergey Bring cuando iniciaron con Google? Hoy tienen ingresos de 2 000 millones de dólares al año. Es el medio de publicidad más brillante de los últimos 50 años.

- ¿Cuánto dinero tenía el joven Philip Linden cuando creó en 2003 el portal Second Life, que hoy tiene más de 13 millones de residentes y su meta es llegar a 50 millones?

- ¿Cuánto dinero tenía J. K. Rowling en 1997 antes de lanzar el primer libro de Harry Potter? Hoy es la 13ª mujer más rica de Gran Bretaña, con ventas de 15 000 millones de dólares en libros. Su riqueza personal asciende a 1 000 millones de dólares. Un año antes de lanzar su primer libro vivía en un pequeño cuarto rentado en Londres con su hija recién nacida.

Todos ellos y muchos héroes anónimos más iniciaron su negocio con ideas y mucha ambición. Si su negocio es pequeño no crea que sólo lo es por falta de dinero: es por falta de grandes ideas que puedan dimensionar su empresa. La experiencia me indica que muchos negocios son pequeños porque su fundador tiene ideas pequeñas.

# Innovación progresiva

Cuando uno mejora permanentemente, lo que hace es incursionar en el modelo de innovación progresiva. Es decir, produce mejores productos, con mejoras en su funcionamiento o calidad para un mercado existente. La mayoría de los empresarios que se quedan en este nivel mejoran sus productos, su distribución y su desempeño año tras año, lo que hace toda compañía que se considere progresista.

En este nivel de innovación progresiva se encuentran aquellos que aplican nuevas tecnologías para mejorar el desempeño de los productos que venden, no obstante que algunos de ellos no están dispuestos a utilizar tal calidad en tecnología, dado que su costo también se incrementa. Es decir, mejora su producto, pero la calidad tiene un costo que transferimos al cliente. En ese caso no todos están dispuestos a pagarlo, ya sea porque no lo requieren o porque su necesidad no requiere tanta calidad o sofisticación tecnológica.

Por ello, analice bien lo que usted hace hoy, para que no se engañe pensando que su innovación es una revolución, cuando en realidad es una mejora de lo mismo.

Muchas empresas que han invertido millones de dólares en innovación no han tenido grandes resultados en ingresos, dado que el cliente no respondió a tal innovación. Seguramente fue copiada por sus competidores, como fue el caso de Dell Computers, General Motors, Boeing, Ford y otros muchos del mundo. Cuídese del tipo de innovación, para que no construya expectativas muy elevadas que luego no responderán a su plan.

Recuerde, la innovación progresiva, es un proceso de desarrollo de mejoras a productos existentes, como ponerle fluor a la pasta de dientes, o bolsas de aire a los automóviles, o incorporar nuevos sabores a sus refrescos como Coca Zero, o un nuevo champú como un Head & Shoulders, un televisor de plasma, un nuevo cinturón de seguridad o un mapa GPS satelital para los automóviles. Esta mejora incrementa la lealtad de los clientes, evita su rotación y en algunos casos atrae nuevos. Es un buen recurso para mantener lo ya conquistado por su empresa.

Por otro lado, las INNOVACIONES ALTERADORAS no tienen el objetivo de diseñar nuevos productos para un mercado existente cautivo. Por el contrario, toda alteración en la innovación se dirige a un tipo de mercado que aún no consume el producto o extiende el actual, pero no busca introducir un producto mejorado sino distinto. La tecnología que se utiliza en la innovación alteradora busca ofrecer otros beneficios, como que el producto sea más práctico, menos caro, y busca captar un tipo de mercado que no tenían anteriormente. Mejorar el producto para el mercado conquistado es bueno mientras usted quiera defenderse de sus competidores y desee mantener su participación de mercado. Seguirá haciendo el mismo dinero. Con la innovación progresiva construye una burbuja protectora contra los nuevos jugadores en el mercado.

En contraste, cuando se lanza al mercado una innovación alteradora como un iPhone, el proceso de mejora comienza de inmediato. Apenas usted utiliza la tecnología para un nuevo modelo de producto, el cliente ya desea más y mejor. No bien el iPhone salió al mercado, varias compañías salieron a la caza para introducir un producto con características similares. Recuerde el mundo de la imitación del Yo También: se acciona cuando usted altera el mercado. Todos quieren subirse a su mismo éxito.

Cualquiera que sea la empresa líder en un mercado que consistentemente ha triunfado en el modelo de innovación progresiva, la aparición de una alteración puede estimular el crecimiento de nuevos jugadores, que de inmediato intentan saturar el nicho de la alteración. Estos competidores pueden ser jugadores que nunca antes habían participado en ese segmento, pero la oportunidad construye competidores nunca considerados antes.

Veamos el ejemplo del iPhone: éste ha paralizado el mundo de la telefonía inalámbrica existente. Muchos líderes en el mercado que han avanzado con los años, cuando ingresa una nueva innovación alteradora, responden diciendo que ellos están en otro negocio distinto del nuestro. Por lo tanto, nosotros debemos ser los mejores en lo que siempre hemos hecho bien. La impotencia de no haber ingresado primero congela la posibilidad de incursionar en la nueva innovación por lo menos temporalmente en algunos casos y en otros nunca. Tal es el caso de Polaroid, que no ingresó al mundo digital con sus cámaras y casi ha desaparecido del mapa.

Empresarios como Atsutoshi Nishida, presidente mundial de Toshiba, dice: "Sólo la innovación evita que las empresas se confíen y disminuyan su capacidad para ofrecer mayor valor agregado en sus productos". Toshiba tiene actualmente 2 000 ideas en proceso para lanzar al mercado. De ese tamaño es la importancia de la innovación en esta empresa.

En la siguiente lista observe cómo el cambio de la tecnología en algunos productos modificó para siempre el producto y eliminó de tajo o redujo sustancialmente las ventajas competitivas de las empresas tradicionales.

### Aplicaciones letales
Innovación alteradora

| | |
|---|---|
| COBRE | FIBRA ÓPTICA |
| REVELADO | CÁMARA DIGITAL |
| CD'S | ITUNES |
| BYPASS | ANGIOSPLASTIA |
| ENERGÍA ELÉCTRICA | ENERGÍA SOLAR |

| Algunas empresas y productos que han sido una innovación alteradora en mercado | |
| --- | --- |
| Amazon | Googel |
| Canon fotocopias | Southwest airline |
| McDonald's | Intel |
| Best buy | Toyota |
| Cisco | Jet blue |
| Dell | Apple computer |
| Microsoft | Kodak |
| E-bay | Domino's |
| Cirugía endoscópica | Linux |
| Palm pilot | Starbucks |

Si desea triunfar siendo creativo e innovador, piense en los siguientes consejos:

- Considérese un subcontratista para sus clientes.
- Canibalice el mercado con sus productos y sus servicios antes que sus competidores lo hagan.
- Trate a cada grupo de clientes como un segmento de mercado, con características únicas.
- Dé continuidad a sus clientes; manténgalos informados.
- Visualice las transacciones con clientes como una alianza estratégica, en la que usted se relacionará a largo plazo.
- Destruya su tradicional cadena de valor y forme una nueva, para reducir costos, ser eficiente y aumentar la velocidad de respuesta.
- Maneje la innovación como un portafolio de opciones y tenga varias estrategias alternativas.
- Escuche a los jóvenes en el mercado: ellos saben lo que quieren y lo compran.

# CAPÍTULO 8

# 19 estrategias de éxito

EN ESTE CAPÍTULO:

- Analizará las diversas estrategias de negocios aplicadas por empresas que están teniendo éxito en mercados altamente competidos.
- Identificará los principios en que están sustentadas las estrategias de éxitos de los negocios.
- Reflexionará en las estrategias más exitosas del mercado que han podido sobrevivir ante el embate de competidores globalizados.
- Identificará que los modelos estratégicos que le presento podrán ser aplicados, si usted tiene una pequeña tienda o una gran organización consolidada en el mercado.
- Comprenderá que puede aplicar varias estrategias combinadas para adaptarlas a su tipo de comercio u organización.
- Tomará conciencia de que es su responsabilidad comprender cada estrategia, pero también pensar en las adaptaciones para su tipo de mercado o competidores.
- Recibirá ejemplos de empresas que han tenido éxito en la aplicación de varias de estas estrategias.

Sólo a través de la innovación evitará que su empresa se confíe y disminuya su esfuerzo para ofrecer productos y servicios diferenciados en el mercado.

Mario Borghino

# Modelos estratégicos que han aplicado las empresas para continuar su crecimiento

Hasta ahora he descrito mi percepción acerca de la realidad y el comportamiento de los mercados. De ahora en adelante compartiré con usted los distintos modelos estratégicos que he detectado, a través de mis intervenciones como consultor de empresas grandes y pequeñas, trabajando directamente con los presidentes de las mismas, o con su equipo de directores, o con los dueños y fundadores de sus negocios. Las estrategias que presento han llevado a estas empresas a tener éxito en sus mercados. Estos modelos han sido probados en la práctica diaria, no son conclusiones teóricas sustentadas en deducciones intelectuales. Lo importante de cada modelo estratégico es que está sustentado en un principio mercadológico.

No se preocupe si los ejemplos que le presento son de empresas con mayores dimensiones que las suyas, o de organizaciones multinacionales o de giros muy diferentes del que usted tiene. Lo que importa es que comprenda el principio en el que está sustentada cada estrategia.

A través de la comprensión del principio, podrá visualizar las aplicaciones para su empresa. No espere encontrar una estrategia adaptada específicamente a su empresa, pues la adaptación le corresponde a usted y a su equipo de trabajo. De no ser así, su mente evaluará mis principios como generales y no específicos y no podrá visualizar una nueva estrategia para su negocio.

Reitero: no importa si su negocio tiene 10 empleados o 1000, el principio mercadológico se aplica de todas formas: de igual modo necesitará la creatividad para hacer la adaptación de cada ejemplo estratégico a su mercado y a su tipo de comercio o empresa.

## Estrategia núm. I

# Nichos de oportunidad

EN ESTA ESTRATEGIA:

- Sabrá cómo identificar un nicho de mercado.
- Identificará las características que tienen los nichos.
- Tendrá una clara definición de un nicho de mercado.
- Recibirá ejemplos de verdaderos buscadores de nichos
- Comprenderá la forma en que debe pensar para identificar un nicho.
- Tendrá las preguntas que debe hacerse para descubrir un nicho.
- Recibirá un cuadro sinóptico para analizar las oportunidades de su mercado.
- Tendrá historias de emprendedores que se han beneficiado al encontrar un nuevo nicho.
- Conocerá empresas buscadoras de nichos y su efecto en el éxito organizacional.

Encuentre un nicho o usted será el nicho conquistado por su competidor.

Mario Borghino

Si desea encontrar un nicho de mercado para sus productos o crear un espacio en el mercado y diseñar un nuevo producto, le sugiero pensar en el siguiente esquema de análisis.

Un nicho es una oportunidad del mercado que tanto su empresa como sus competidores aún no han identificado. Es un espacio no identificado. Es una necesidad potencial no expresada por sus clientes. Un nicho potencial es aquel donde se conjuntan una carencia que tienen los clientes con una nueva tecnología o un modelo de negocio que resuelve esa carencia. Los clientes generalmente no asocian sus problemas o sus carencias con la necesidad de un nuevo producto. Un cliente no tiene la información suficiente para resolver dicho problema o para saber que tiene un problema que puede ser solucionado. Sin embargo, lo expresa como una preocupación, una inconformidad, un malestar, queja o deseo causado por el tipo de producto que consume actualmente y la forma en que lo consume.

Me imagino que el cavernícola que descubrió la necesidad de un zapato fue porque en su tribu todos estaban cansados de lastimarse los pies. El arco y la flecha fueron creados por la queja permanente de una esposa cansada de enviudar, porque sus esposos tenían que acercarse demasiado a las presas para cazarlas, muriendo en el intento. Un abrelatas eléctrico seguramente fue

> **Cree algo que resuelva los problemas y haga la vida más fácil a los consumidores**

descubierto por alguien que vio que en su familia tenían dificultad para abrir las latas con el modelo manual. La silla de ruedas fue creada por alguien a quien sencillamente se le ocurrió unir una silla y dos ruedas. Un Windows fue creado por Bill Gates seguramente por la falta de funcionalidad o sencillez para buscar información en una pantalla. Un nicho es en la mayoría de los casos un problema que no esta identificado por el consumidor.

Cuando se descubrió el nailon para las llantas, seguramente un técnico encontró que tenía aplicaciones para las medias de mujer. Un experto puede diseñar aplicaciones para esa tecnología. La compañía Canon se especializaba en su época en construir lentes para cámaras fotográficas, pero alguien en la empresa vio aplicaciones de la misma tecnología en diferentes productos: una fotocopiadora, una cámara de video, grandes telescopios. Una asociación de un conocimiento técnico con una aplicación crea nuevos productos nunca antes vistos. Lo mismo sucede con el

> **Encuentre un nicho donde su negocio pueda crecer; eso aumentará formidablemente su número de clientes**

diseño de una nueva empresa con servicios que antes no existían. Empresas dedicadas a la reparación de computadoras en su hogar, un Starbucks, un Domino's Pizza, una computadora Mac, un Federal Express (y así podríamos hacer una larga lista de los ganadores de la batalla de la sobresaturación), al crear algo que no existía anteriormente, resolvieron problemas y le hicieron la vida más fácil a los consumidores.

> **Vuélvase diferente en el mercado,: ofrezca un servicio que nadie ofrece**

Un nicho es la asociación de una idea que surge de alguien que conoce un segmento de mercado, tiene dominio de una tecnología e identifica un problema potencial en los clientes, resolviéndoles sus problemas. Frecuentemente un nicho se identifica cuando el nuevo producto resuelve un problema de gran interés para el consumidor: les facilita la vida, es más eficiente, más rápido, más pequeño y más barato en la mayoría de los casos, ya que hay nichos para productos muy caros, como las bolsas Luis Vouton o los carros Ferrari.

La historia del londinense Brian Bennet puede sintetizar el tema:

Sentado en un bar, dice Bennet a los reporteros: "Me da vueltas la cabeza. Estuve en el Central News, luego en el Sky News. Me entrevistaron en 10 periódicos e hice 12 presentaciones en radio". Esto es una verdadera locura. Bennet fue invitado por ITV, el canal de televisión más importante de Inglaterra, para saber cómo un camionero retirado como él inventó una crema que protege a la gente contra el *Staphylococcus aureus*, bacteria muy resistente a los antibióticos, que infecta a 100 000 personas al año. ¿Cómo se le ocurrió la idea? En 2001 su esposa Heather desarrolló una dermatitis que los médicos no pudieron curar. Brian comenzó a estudiar el tema en diversas bibliotecas y se puso a integrar cremas: Aloe Vera, Aceite Primula, Tricotan y otros ingredientes. Los puso en un barril y los hizo rodar por su jardín. Tres meses después pudo hacer desaparecer la dermatitis de su esposa. Hace poco, Bennet obtuvo la patente de la loción, que parece que puede curar también el pie de atleta y el acné. Varias compañías farmacéuticas le han ofrecido comercializar dicho producto, dado el gran mercado que tiene. Bennet hoy es un jubilado retirado con un futuro muy prometedor, al haber resuelto un problema asociando un producto con una solución. Nunca se imaginó el tamaño del nicho de mercado al que se estaba acercando.

Un caso también interesante aunque no tan impactante, pero útil al fin, fue el de dos jóvenes, Arturo González e Isidoro Haiat, de México. Ambos crearon una empresa de bebidas funcionales: BRIO. Inventaron una bebida para combatir el malestar de la "cruda" por ingerir alcohol. La bebida se llama Hang Over Tea Hot. Ya exportan al Caribe, Estados Unidos, Asia, Ecuador y Colombia y tienen presencia en más de 200 puntos de venta en México. Cuentan con una planta con capacidad para producir 100 000 cajas al día. Nada mal para resolver los efectos del alcohol de los viernes por la noche, ¿no le parece?

La forma de acercarse a la identificación de una nueva oportunidad es hacerse las siguientes preguntas:

1. *Defender.* ¿Qué conocen la competencia y usted acerca del mercado en que se encuentran? Si ambos lo conocen, significa que usted debe crear un mecanismo de defensa para evitar que sus competidores se lleven a sus clientes. Piense en que debe DEFENDER a como dé lugar.

2. *Oportunidad.* ¿Qué conoce y domina usted del mercado que no conoce o dominan sus competidores? Si descubre varios elementos está usted en ventaja. Es una OPORTUNIDAD que debe explotar al máximo sin descansar, pues de esa manera mejorará continuamente sus productos, sistemas y procesos y aumentará la eficiencia y la reducción de costos.

3. *Diferenciadores.* ¿Qué no conoce usted que sus competidores sí dominan en términos de productos, segmentos de clientes o de mercado en específico? Para disminuir la brecha es necesario que mejore sus elementos DIFERENCIADORES en producto, servicio, costos, etc.

4. *Nicho.* ¿Qué no conoce usted ni su competidor de ese mercado que, si lo identificara, podría descubrirle una oportunidad de un NICHO? Descubrir lo que nadie conoce le servirá para atender su mercado en forma diferente, y así podrá atender un nuevo segmento de mercado y resolver un problema que los clientes han expresado, pero que nadie ha resuelto aún. Incluso podrá crear un satisfactor adicional que no existía.

Para descubrir un NICHO en ese cuadrante es necesario que preste atención a lo que los clientes comentan de sus servicios, de la aplicación de su producto y de las necesidades no resueltas por nadie.

Hágase las siguientes preguntas:

1. ¿Qué preocupaciones tienen sus clientes?
   - ¿Cuáles son las quejas más frecuentes?
   - ¿Qué tipos de reclamaciones tienen sus clientes de su empresa o producto y también de sus competidores?
   - ¿Qué dificultad tienen sus clientes en la relación comercial, uso, aplicaciones, velocidad, costos adicionales, velocidad de respuesta, etc.?
   - ¿Sus clientes se quejan del precio de sus productos y de sus competidores en general?
   - ¿Hay alguna oportunidad de reducción significativa con otras tecnologías?

## Nichos en el mercado masivo

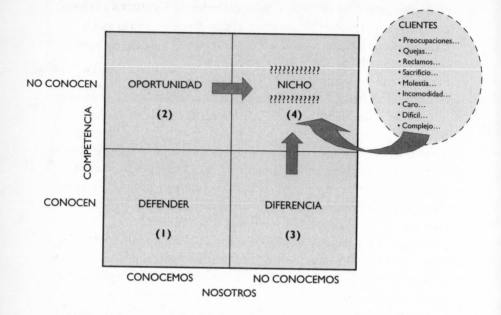

- ¿Es fácil hacer negocio con usted?
- ¿Existe alguna complejidad en sus entregas y servicios?
- ¿Qué desea usted eliminar de su producto, servicio o forma de atender a sus clientes que marcará una diferencia sustancial en accesibilidad, disminución de costos, mejora en las entregas, eficiencia de su producto o diversificación de aplicaciones?
2. Qué aspectos podrían motivar a sus clientes a comparar sus productos:
   - ¿Qué anhelarían sus clientes de su producto?
   - ¿Qué aspectos pueden apelar a la distinción, a sentirse diferentes?
   - ¿Qué aspectos pueden apelar a su ego?
   - ¿Qué aspectos emocionales pueden ser incluidos?
   - ¿Qué haría que sus clientes se sintieran mejor con su producto?
   - ¿Qué aspecto le darían comodidad, simplicidad o le harían su vida fácil?
   - ¿Qué aspectos le ahorrarían tiempo y dinero?

La industria de la telefonía celular está librando la gran batalla del nicho de la telefonía móvil, preguntándose todo el tiempo sobre el tipo de problemas que deben resolver a sus usuarios y sobre los elementos que podrán motivarlos. Es mucho lo que se juega: son casi 3 000 millones de teléfonos celulares que hoy funcionan en el mundo, tomando en cuenta que se sumarán 100 millones más en 2008. No obstante, se estima que para los próximos tres años habrá 1 000 millones más de usuarios. El crecimiento del nicho de telefonía celular es apabullante. Las empresas tendrán que encontrar el nicho del nicho incursionando en nuevas tecnologías. Estamos en la era de los teléfonos inteligentes, llamados de la tercera generación, aparatos que podrán satisfacer todas las necesidades de información, entretenimiento, conexión social y de negocios.

> Conozca a su cliente: en él está la clave del éxito

Nokia, que es hoy el líder mundial con 900 millones de celulares vendidos, tomará por sorpresa al mercado incorporando la posibilidad de ver películas, intercambiar videos y fotos personales con otros teléfonos. Podrá copiar, etiquetar y compartir imágenes y videos de alta definición, en línea de un teléfono a otro y en televisión. Tendrá una brújula y un mapa de localización de calles para guiarlo por la ciudad paso a paso. Podrá admitir más de 100 tipos de medios audiovisuales con ancho de banda. La incorporación del internet a los teléfonos celulares cambiará la vida de las personas por completo. Éste es un nicho que permitirá al ser humano viajar por el mundo, con toda la información que se le antoje en sus manos en tiempo real.

Un nuevo nicho ha sido descubierto por la empresa Fertil, con un café orgánico que no existe en los supermercados de México. Ésta es una empresa conformada por 11 agricultores que le apuestan a dicha nueva alternativa orgánica. En el mundo existen otros negocios como este que venden té, cacao, miel, azúcar, plátano, jugos de fruta y flores. En el futuro tal empresa podrá incursionar en estos productos a precio justo y estable.

Un descubrimiento fue el que realizó Antonio Fernández Jarmínez, quien encontró la oportunidad de dar servicio a todos los teléfonos celulares del país. Se le ocurrió traer de China quioscos expendedores de energía para recargar el 95% de los celulares existentes en el mercado, con lo que creó la empresa Cargacel. Este concepto ya los ha ubicado

> Su actitud debe ser de búsqueda y de inconformidad permanente

en centros comerciales y en zonas de mucho tráfico de personas, donde por 5 pesos puede usted recargar en 15 minutos el 50% de la batería de casi cualquier celular IPod, LapTop o PDA. Su objetivo es llegar a más de 2500 expendios. Ya está en pláticas para llevar sus quioscos a las 1800 tiendas de Elektra en el país. Nada mal para un nuevo nicho de oportunidad que a nadie se le había ocurrido antes.

## Historia de un descubridor de nichos

Thai Nghia, un vietnamita radicado en Brasil, después de huir de la guerra de Vietnam en 1978, creó la empresa Góoc (que significa raíz en vietnamita), que se dedica a fabricar suelas de goma de neumático reciclado. Hoy tiene una empresa de 14 millones de dólares y registra un crecimiento anual entre 80 y 90%. Tiene tres marcas para su línea de calzado, bolsos y ropa para hombres y mujeres. Según los pronósticos de financieros brasileños, Góoc tiene la posibilidad de transformarse en una gran compañía en los próximos años. Nghia creó un espacio, un nicho que no existía en el mercado. Sus tiendas se observan más como un instrumento de marketing que como un punto de venta, algo único en el mercado y muy atractivo. Se ha asociado con Avon para que sus productos se promuevan en sus catálogos. En total tiene 5000 puntos de venta en el país. Sus sandalias llegan a 20 destinos fuera de Brasil, entre ellos Venezuela, Uruguay, Estados Unidos, Japón y Europa.

Thai Nghia llegó a Brasil a los 21 años, después de haber sido rescatado de un naufragio por un barco petrolero brasileño (Petrobrás) que lo llevó a Singapur, huyendo de la guerra en su país. Allí estuvo cuatro meses para luego salir rumbo a Brasil, donde vivió prácticamente como indigente. Con un diccionario francés-portugués rehízo su vida en Sao Paulo, donde comenzó a vender bolsas en las calles.

Dice: "Llegué a ser emprendedor por casualidad, gracias a una amiga que me pagó una deuda con 400 bolsos y dos máquinas de costura". Nghia comenzó a vender, puerta a puerta, a los minoristas de la calle 25 de marzo en la ciudad de Sao Paulo.

Éstos fueron los inicios del Grupo Domini, que fue la primera empresa de Nghia que hoy, junto con Góoc, da empleo a 400 trabajadores. En el mes de enero abrió su tercera fábrica en la ciudad de Bahía, cuyo objetivo fue concentrar la fabricación de sandalias de suela de neumáticos, de las que ya ha consumido más de 400 toneladas de ellas. Hoy fabrica 12 000 pares de calzados al día. Nghia pretende llegar en 6 años más, en 2014, a producir la misma cantidad que la población de todo Brasil: 210 millones de zapatos. Nada mal para un ambicioso descubridor de nichos.

Este emprendedor quien ha encontrado un nicho que a nadie se le había ocurrido, dice que todo lo debe a su constancia de buscar nuevas oportunidades en la vida, creando siempre algo distinto.


En suma, la identificación de nichos surge de un cuestionamiento permanente, tal como la historia de Thai Nghia. Surge de una inconformidad sistemática que lo estimule a usted, como empresario, a buscar por siempre nuevas formas de hacer lo mismo. Cambiar, modificar, rediseñar para que siempre se encuentre en un nivel superior a sus competidores y finalmente encuentre un nicho nunca antes atendido.

El proceso de identificación de nuevas oportunidades se da poco a poco, por aproximación sucesiva. No emerge por generación espontánea, sino que se produce al forzar su mente a mejorar lo que hace todo el tiempo. Incluso mejorar lo que hace bien crea un nicho de oportunidad aún mayor, porque incrementa adeptos a sus productos. Con esa actitud de búsqueda e inconformidad permanente, le aseguro que la nueva idea surgirá con el tiempo. Pero debe ser muy consistente y exigente consigo mismo y más aún con su equipo de colaboradores.

No espere a que las crisis o circunstancias económicas se lo exijan, ya que en condiciones adversas las nuevas oportunidades lamentablemente no surgen.

## Estrategia núm. 2

# Extensión de productos

EN ESTA ESTRATEGIA:

- Sabrá cómo incrementar sus oportunidades de crecimiento.
- Identificará en qué debe pensar para extender su negocio a otros ámbitos de oportunidad.
- Tendrá ejemplos de empresas que han aplicado la estrategia Extensión del Producto.
- Podrá aplicar esta estrategia de inmediato con su equipo de trabajo.
- Podrá ver su negocio desde varios puntos de vista.
- Tendrá nuevas formas de hacer crecer su negocio pensando diferente.
- Podrá identificar giros en los cuales puede incursionar, pensando en la extensión de productos.
- Le permitirá visualizar nuevas formas de crecimiento de su negocio y de sus productos.
- Podrá identificar que aquellos que han sido sus competidores por mucho tiempo ya no lo serán, si aplica el modelo de extensión de productos.

Nike hizo un buen análisis de sus productos básicos al definir su DNA como "Todos somos atletas" inmediatamente le surgió la pregunta: ¿qué otros productos usa una persona que hace deporte? También se preguntó: ¿qué niveles existen de personas que hacen deporte?, desde una persona normal que cuida su salud física, hasta el deportista profesional de alto rendimiento. Con este cuestionamiento, la creatividad emergió y crearon un sinnúmero de productos para el cliente tradicional que usa tenis, y también para nuevos segmentos de mercado, que al focalizarse sólo en fabricación de tenis más especializados no habían sido considerados.

> Cree productos para nuevos segmentos del mercado

# Extensión de su DNA

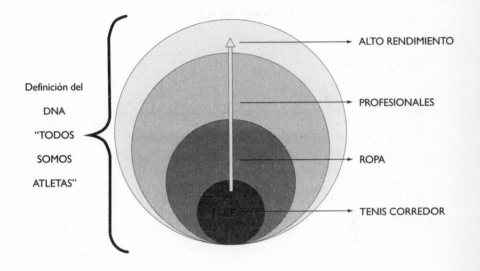

El secreto es definir cuál es el DNA que le permitirá identificar múltiples alternativas y lo alejará de su atención sobre el producto y la necesidad que usted hoy cubre con su producto tradicional.

Este principio estratégico permite expandirse hacia una gama de productos, sin salirse de su negocio tradicional. Muchos ejecutivos que no ven este camino deciden incursionar en negocios diferentes para poder incrementar sus ingresos. Con este modelo, usted podrá expandir su mercado actual sin necesidad de salirse de su negocio.

Un ejemplo evidente ha sido la extensión del negocio de las farmacias, en el que paulatinamente han ido desarrollando la extensión de su DNA, de farmacias tradicionales hacia farmacias del ahorro, de bajo precio. Luego se han extendido a centros de nutrición, cuyo objetivo es ya no sólo curar las enfermedades con las medicinas, sino también prever las enfermedades con productos naturales. En los últimos tiempos ha comenzado a extenderse el DNA hacia las farmacias vía internet: de cualquier parte del mundo pueden vender a cualquier persona del mundo. Este modelo ha permitido expandir el concepto tradicional de la farmacia de la esquina.

## Extensión de su DNA

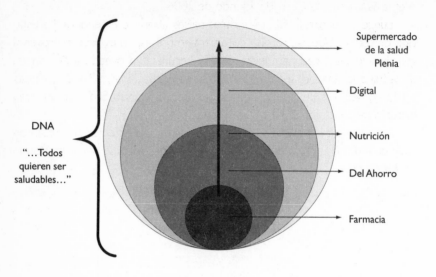

Una nueva extensión del DNA ha sido un supermercado de la salud como Plenia, donde el negocio deja de ser una simple farmacia para convertirse en un centro para la salud, integrado por todos los conceptos que expresé anteriormente en un solo establecimiento. Lo invito a que realice usted este razonamiento en su tipo de negocio para expandir las oportunidades de su empresa.

> **Expanda el concepto tradicional de su negocio hacia nuevos horizontes**

Otro ejemplo representativo de este modelo de extensión de negocio lo realizó la empresa chilena "Central de Restaurantes-Aramark", la mayor firma de alimentación institucional de Chile y la segunda en Argentina.

Con el tiempo, han exportado el servicio de fabricación de comida para empresas a otros países, como Perú, Colombia, Venezuela, México y Brasil. La empresa dirigida por el empresario Meter Hiller cuenta con 1 800 clientes y vendió en 2005 310 millones de dólares. Su DNA se extendió de comida para empresas hacia restaurantes y eventos públicos. Con este último concepto de eventos públicos, se le ampliaron las oportunidades, abriéndose la oportunidad de ser la empresa proveedora de alimentos en los estadios de Alemania durante la Copa del Mundo de 2006.

Luego de expandir su DNA a otros países, ahora se extenderá a prestación de servicios de aseo y tintorería para empresas, y muy pronto proveerá guardias de seguridad para empresas. En Perú es la proveedora de comida de la Minera Yanacocha. Ahí ofrece 4600 comidas diarias, a 3600 personas, en 11 comedores de la tercera mina de oro del mundo. Ellos son un buen ejemplo de aplicación del modelo estratégico de DNA.

Lo invito a que aplique usted también este modelo en su empresa, con el fin de ampliar la gama de productos sin tener que salirse de su negocio ni de sus clientes.

## Estrategia núm. 3

# Creación de conceptos

EN ESTA ESTRATEGIA:

- Identificará diferentes formas de definir su negocio.
- Verá que la definición de su negocio determina dónde focalizará su inversión y esfuerzo.
- Sabrá que definir su negocio en relación con lo que hace no lo llevará a encontrar nuevas oportunidades.
- Entenderá que es más importante lo que sabe que lo que hace para encontrar nuevas oportunidades.
- Verá que la definición de su negocio lo llevará a competir con otro tipo de mercados.
- Sabrá que el concepto de su negocio le permitirá hacer dinero con los factores intangibles de su producto.
- Podrá evitar la confrontación de precios con sus clientes tradicionales.
- Identificará que los grandes éxitos estratégicos en los últimos diez años se deben a la aplicación de estrategias de conceptos de negocios diferentes.
- Evitará la confrontación con sus competidores directos, identificando espacios donde nadie se encuentra aún.

Como he comentado en capítulos anteriores del libro, el secreto para crecer en la era de la sobresaturación está en el "Rediseño del negocio". Como mencioné, no sólo estamos en una guerra de productos, sino que la misma saturación de productos nos lleva a considerar la forma en que los entregamos.

Ésta es la llave mágica que nos abre un nuevo sendero para evitar la confrontación ante un mercado saturado: las empresas más exitosas han sido aquellas que han podido diseñar un CONCEPTO detrás de los productos que venden. El concepto está en la forma en que entregan, en la forma en que atienden, en la forma en que distribuyen y en el ambiente que crean alrededor de la compra del producto o servicio. Crean un halo alrededor del producto que blinda su oferta de la guerra de precios. Su concepto atrae a la gente y resulta atractivo a los consumidores.

> Diseñe un concepto para su negocio que resulte atractivo para el consumidor

Empresas como Cirque du Soleil, Starbucks, Cinépolis, Cinemex, Wal-Mart, Virgin Airline, Disney, Google, Toyota, Southwest, UPS, Honda son compañías cuyo concepto de negocio atrae al consumidor.

Cuando el diseño del negocio se logra, como lo han hecho estas empresas, el producto comienza a tener a su alrededor un formato que lo hace lucir diferente y atractivo, aunque en el fondo sea el mismo producto de siempre. El circo seguirá siendo un circo con trapecistas, Starbuck, un café y Cinépolis o Cinemex un cine como el de siempre; las cebollas seguirán siendo las mismas en todos los súpers y en Wal-Mart y las pizzas siguen siendo pizzas, no son diferentes. Pero la gente los prefiere a ellos y no a otros.

Pero es tan diferente el concepto de Cirque du Soleil, que su fundador le llama "El nuevo circo". El concepto ha logrado que la gente acepte pagar más de 100 dólares por un show. Si el circo tradicional, que cada vez imita más al Cirque Du Soleil, decidiera cobrar los mismos 100 dólares, seguramente dirían que es caro y nadie iría, ¿cierto? Al circo tradicional lo considerarán caro, un modelo muy visto, gastado.

Sin embargo, la gente acepta pagar 400% más en Cirque Du Soleil y nadie lo considera caro; al contrario, aceptan gustosos pagar un sobreprecio tan elevado.

Con este concepto Cirque Du Soleil tiene hoy 3 800 empleados de 40 países, 16 shows permanentes en cada continente e ingresos por 600 millones de dólares al año. Ningún circo tradicional se le acerca en ingresos. Es decir, si usted tiene un buen concepto, la gente lo pagará. Pero si tiene un producto tradicional, aunque esté bien diseñado, sus utilidades serán arrasadas porque el cliente no aceptará pagar más por algo que consigue con cualquier proveedor. Por ello, muchas empresas están atrapadas en la guerra de precios y no saben cómo salir, para incrementar sus utilidades.

Starbucks es un caso similar: un café en cualquier cafetería vale 1 dólar, pero en Starbucks usted paga un promedio de 4 a 5 dólares, 400% más, y no lo considera caro. Nadie se queja en la Procuraduría de Protección al Consumidor de que el producto es caro, aunque en realidad lo sea. El secreto es que no le venden el café, ni usted siente que compra un café: en

> **Si usted crea un concepto atractivo, el cliente pagará lo que usted pida**

el fondo le venden un concepto que nos atrae e incluso nos da estatus. No cualquiera paga caro.

La realidad es que el fundador Howard Shultz ha logrado que la experiencia del café sea algo extraordinario para el consumidor. Su rediseño del negocio es considerado como una conexión emocional con sus clientes. Este concepto le ha permitido abrir 11 000 cafeterías en 37 países, con 35 millones de clientes a la semana. Se abren 5 nuevas cafeterías por día los 365 días al año. Dan empleo a más de 100 000 personas. ¡Nada mal para un café! Si usted observa, el negocio no está en el café, sino en el diseño del negocio que le sirve el café. El café como tal continúa hoy costando en cualquier lugar 1 dólar y el diferenciador es que le rellenen otra taza gratis. ¿Se da cuenta de la razón por la cual usted no puede subir los precios cuando vende productos? ¿Ve la razón de por qué está destinado a que le digan que su producto es caro?

El caso de los cines Cinépolis o Cinemex es exactamente lo mismo. El boleto le cuesta 5 dólares, pero el negocio está en el ambiente, en la comodidad que les permite cobrar casi 10 dólares por unas palomitas de maíz y un refresco. Algo que verdaderamente no tiene un costo significativo como unas palomitas de maíz uno las paga gustoso y con agrado. Nuevamente el negocio no está en la película, sino en el concepto, en el ambiente que encierra ir a un lugar donde uno se siente cómodo. El precio es justo para el cliente y lo paga gustoso aunque sea caro. El diseño del negocio cambia toda la percepción del precio para el consumidor. Con este diseño, Cinépolis logró expandirse a más de 1 800 salas en México y Centroamérica, Colombia, Guatemala, Honduras, El Salvador, Costa Rica y Panamá, y es hoy una de las tres cadenas de cines más grandes del planeta, con 88 millones de personas que asisten al año a sus salas. Sus utilidades son tan jugosas que abrirán un corporativo verde, sustentable, con un valor de más de 16 millones de dólares, con paneles solares, agua reciclada, que tendrá un concepto biodegradable de la basura. Como ve, los conceptos son estrategias muy rentables y atractivas para el consumidor.

El caso Wal-Mart, que todos ya conocen, tiene también la influencia del diseño del negocio. Tradicionalmente un supermercado era un negocio de "promociones". Usted ha de recordar que las promociones de los lunes eran diferentes de la de los viernes y de la del resto de la semana. Cada día había una promoción.

## Mismo negocio-concepto diferente

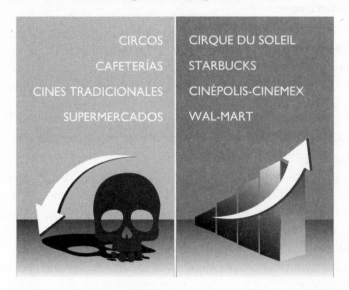

| CIRCOS | CIRQUE DU SOLEIL |
| CAFETERÍAS | STARBUCKS |
| CINES TRADICIONALES | CINÉPOLIS-CINEMEX |
| SUPERMERCADOS | WAL-MART |

Había una premisa en el concepto de los supermercados: el negocio era esencialmente un negocio de promoción.

La forma de atraer a los clientes era concentrando toda la inversión en la publicidad: televisión, periódico y radio. De esa forma la gente se enteraba de dichas promociones. Eran sumas millonarias mes tras mes en marketing, promociones y publicidad.

> Un nuevo diseño lo
> hará único
> en el mercado

Wal-Mart cambió radicalmente este concepto de negocio: en lugar de concentrarse en las promociones para darle un precio atractivo al consumidor, se concentró en el origen de donde todo precio se origina: el proveedor.

Focalizó su estrategia en negociar duramente con sus proveedores, de tal forma que pudo construir el famoso eslogan: "Precios bajos siempre". Una seguridad que nadie podía prometer si continuaba con las promociones semanales.

¿Dónde quedaron las promociones y los gastos millonarios de publicidad? Ya no son necesarios, el cliente tiene la certeza de que tiene precios bajos siempre garantizados. Este giro de 360° en el concepto de negocio transformó a Wal-Mart en el empleador más grande de la Tierra. No hay empresa que se le acerque en saber hacer dinero.

Sin embargo, el resto de los supermercados, a pesar de que imitan exactamente el modelo, no pueden tener el mismo impacto que Wal-Mart. En Estados Unidos la cadena Target está dándole la batalla en porcentaje de utilidad, ya que ha decidido vender productos de un poco mejor calidad a mayor precio, y sorprendentemente están creando más valor en los productos que ofrecen. En México, Comercial Mexicana y Soriana se focalizaron en una estrategia similar y están ganando la batalla en rentabilidad.

Lo paradójico es que todos los supermercados venden los mismos productos; los refrescos no cambiaron, tampoco la lechuga ni las escobas: en suma, el producto no es el diferenciador. El secreto está en el diseño del negocio que crearon.

Lo invito a que concentre su estrategia en el rediseño de su negocio y se quedará con el mercado como estas empresas. Más productos no le darán más utilidades por producto, sino sólo le permitirán vivir, mantenerse y crecer con mucho sacrificio. Pero el gran dinero lo encontrará en un nuevo diseño para su empresa, que le permitirá dos cosas: costos bajos y alto impacto en el consumidor.

Para convencerlo un poco más, pregúntese por el descuento que tienen que ofrecer estas empresas para vender: ¿Lo conoce?: ¡Cero! ¡Nada! ¡Nichts! ¡Niets! ¡Nothing! Ellos venden Full Price. Con el rediseño lograron salirse del mercado de precios para incursionar en un mercado donde están solos, aunque no hayan cambiado sus productos. Extraordinariamente poderosa es la fuerza de un rediseño inteligente de su negocio.

En mis trabajos como consultor privado de presidentes de compañías, uno de nuestros propósitos es ayudar a cambiar la forma de pensar que tienen los empresarios acerca de su negocio: cómo venden sus productos, cómo llegan a sus clientes. En suma, se les estimula a que diseñen un "concepto diferente" que los haga únicos en el mercado. Necesitan alejarse de la guerra de precios que sangra sus utilidades.

El 90% de los empresarios optan por diferenciar su producto y fácilmente caen presa de la imitación y de los precios bajos de los chinos y de las empresas globalizadas. Los productos son fáciles de imitar; lo difícil de imitar es el diseño de su negocio. Vea usted a Starbucks, un Dell, un Domino's Pizza. Cuesta igualarlos. Si no logra construir un nuevo concepto de negocio tendrá que vivir con menos utilidades, forzado siempre por los competidores que lo imitan y hacen lo mismo que usted, pero más barato.

Quien no logre comprender la dinámica del mercado terminará diciendo: "Esto ya no es negocio, en la época de mi papá era diferente". Tiene razón que era diferente. Pero debe "comprender", no sólo "saber", que ello únicamente le permitirá sobrevivir y muy pronto usted será absorbido por otra empresa. Si así es su situación y no desea cambiar, mejor venda antes de que sea demasiado tarde y su empresa pierda valor.

Las empresas que se resistan a cambiar tendrán que enfrentarse a sus competidores con precios, descuentos y créditos, para evitar que la competencia se lleve a los clientes. De esta forma estará predestinado a sangrar sus utilidades, ya que en el modelo tradicional de producto contra producto, el que tiene el precio más bajo se queda con el cliente. Es una pelea que sólo la ganará el que tenga más capital, el que esté muy diversificado en otros tipos de negocios, o el que se ha globalizado a tiempo, para compensar la caída del mercado local.

Lo invito a que se atreva a diseñar un tipo de negocio que tome por sorpresa al mercado y sea un gran atractivo para sus clientes. Su empresa crecerá: se lo garantizo.

## Estrategia núm. 4

# Negocios de bajo costo

EN ESTA ESTRATEGIA:

- Identificará las oportunidades enormes que existen en la base de la pirámide del mercado.
- Conocerá la forma de pensar que deben adoptar los ejecutivos para aplicar la estrategia de bajo costo.
- Verá ejemplos de empresas que se están consolidando en el negocio de bajo costo.
- Escuchará consejos que ha externado el consultor Rahm Charan acerca de esta estrategia.
- Visualizará los cambios necesarios que debe realizar en sus productos y en la estructura de su negocio, para incursionar en esta estrategia.
- Leerá ejemplos exitosos de empresas que están creciendo en este modelo estratégico.
- Entenderá que las oportunidades de su negocio serán muy grandes si cambia de modelo de estructura y procesos.
- Podrá aplicar una estrategia de bajo costo con su equipo de trabajo si se focaliza en los principios que la rigen.
- Podrá tomar conciencia de qué tipo de empresas están aplicando este modelo estratégico con gran éxito.

El negocio de bajo costo ha sido una de las estrategias que más han crecido en el mundo: empresas de aviación, hoteleras y bancos han sido los que más han asimilado esta tendencia.

En la banca se destaca la labor de Muhammad Yunus, banquero de Bangladesh, quien ganó el Premio Nobel de la paz en 2006. El Grammen Bank (Banco Rural) tiene actualmente 6.5 millones de clientes, de los cuales el 96% son mujeres. Su banco ha prestado 5 720 millones de dólares y ha recurado 5 700 millones. Muhammad ha comprendido que para la población de bajos recursos, el capital más importante es el crédito. Es lo único con que cuentan para adquirir bienes. Podrán dejar de comer, pero protegen su crédito para continuar adquiriendo los bienes básicos que no pueden

adquirir con sus ingresos. Sus créditos han beneficiado a 71 000 pueblos de Bangladesh. Su modelo ha sido copiado en más de 100 países en el mundo, entre ellos México.

En México muchos están imitando la lección de Muhammad Ynus y varias empresas han incursionado en ese tipo de negocio. Así lo ha hecho Wal-Mart con el Nuevo Banco Popular; Elektra con Banco Azteca con sucursales en Honduras, Perú y Guatemala; Famsa con el Banco de Ahorro Famsa; AutoFin con Banco Auto Fin; Coppel con Bancoppel; Los Hermanos Vázquez con Banco Multiva, y otros como Banco Fácil, Banco Amigo y casi cien más cuya autorización está en lista de espera. Estratégicamente la razón por la cual estos negocios incursionan en la banca es muy particular. La razón es que son empresas que han aprendido a tener miles de clientes cautivos.

Wal-Mart son tiendas que tienen más de 20 000 personas circulando en un fin de semana; un banco es para ellos una estrategia de negocio natural. Los chinos, quienes crearon esta nueva tendencia hacia la base de la pirámide de consumo, han logrado ampliar la base de clientes consumidores de todo tipo de producto.

El mercado de la aviación de bajo costo en México pasó de 22 000 pasajeros a 27 000 pasajeros mensuales. El 38% nunca había volado en avión. Con sus precios bajos han logrado incrementar la cantidad de pasajeros de paseo, no sólo de negocios. Un dato importante es que el 44% son viajeros de empresas PYMES.

La aviación de bajo costo ha podido también conectar ciudades nuevas, y están haciendo crecer el turismo interno. En este sector han proliferado nuevas empresas, como Aladia, Avolar, Interjet, Alma, Volaris, Cick, Gol y Viva Aerobús, entre otras. El costo ha sido tan bajo, que ya no sólo miran al cielo para identificar competidores, sino que miran las carreteras compitiendo con los negocios tradicionales de transporte de pasajeros. Los precios son tan bajos que el nicho de clientes se amplió. Con los años las personas no querrán viajar más por carreteras en autobuses, por lo menos los tramos largos del país.

Aerolíneas como Volaris han mostrado mucha creatividad para incursionar en este segmento que exige bajos costos. Tal ha sido su ingenio, que han logrado reducir el costo de servicio a bordo por pasajero a casi cero. Para ello han logrado acuerdos con sus patrocinadores, como Dove, Coca-Cola, Lager, Tecate, Crispy Cream y Tequila Herradura. No venden, patrocinan y los patrocinadores anhelan promoverse durante los vuelos ante miles de pasajeros. Tampoco usan revistas informativas. La información de seguridad está puesta en una calcomanía en los respaldos. Por si fuera poco, le regresan el total de su boleto si el avión no salió a tiempo. La sobrevivencia no será fácil para tantas aerolíneas de bajo costo, si consideramos que Japón tiene cuatro aerolíneas de bajo costo y Canadá tiene siete. Además, pensemos que las aerolíneas de estos países poseen economías más sólidas.

Para ingresar al negocio de bajo costo, es necesario que usted aprenda a diseñar toda clase de sistemas que contribuyan a la disminución de sus costos.

Por ejemplo, en Estados Unidos una sorpresa ha sido la empresa Eclipse Aviation. Ha diseñado un jet ultraligero de cinco pasajeros. Este jet vuela a 660 km ph. Este avión Eclipse 500 es vendido a 1.5 millones de dólares, una tercera parte del valor de un jet ejecutivo convencional. El precio es tan atractivo que ya han producido 2 400 aviones. Su fundador, Vern Rabón, dice que ha creado la empresa de bajo costo de producción para un pequeño jet de 10 metros de largo único en el mundo.

La empresa Boeing ha ingresado también en la estrategia de bajo costo, con su nuevo avión 787 Dreamliner. Es más ligero, más silencioso y más económico que otro avión existente en el mundo. Boeing considera que ha revolucionado el futuro con este modelo económico. Su secreto ha sido construir sus piezas en diversas partes del mundo y ensamblarlas en un solo lugar, lo que les permite reducir costos y mejorar su eficiencia. Ésta es la base, según Boeing, que ha revolucionado la fabricación de aviones en el mundo. Ésta es su apuesta de bajo costo.

En la industria hotelera, hoteles como Holiday Inn Express, City Express, One Hotel, Ibis y muchos más han logrado que el viajero de negocios que no necesita lujos, sino sólo descansar, pueda pagar entre 400 y 600 pesos la noche.

El mundo de la telefonía celular, está trabajando para diseñar nuevos modelos para los segmentos poblacionales de bajos recursos con servicios novedosos, ya que existe un mercado de 3000 millones de personas que ya tienen uno. El secreto será conquistar el mercado masivo de bajo costo.

Es significativo también destacar cómo empresas de refresco como Big Cola pudieron encontrar un camino donde parecía que no había espacio para crecer y competir con los grandes de los refrescos de Cola. Lo interesante ha sido que estas empresas hayan entendido que el secreto es el bajo costo, no sólo el bajo precio. Han comprendido que para competir en ese mercado se requiere diseñar una infraestructura distinta.

Big Cola no paga por el jarabe, pues su distribución en las grandes ciudades no es para tiendas de menudeo (es muy costosa). No invierten sumas importantes en marketing y los camioneros son dueños que reciben un porcentaje por la venta. Es decir, su estructura de costos soporta su exitoso modelo de negocio. Es un diseño de utilidad centrado en el cliente. Su meta es obtener el 10 % de participación en segmento de Colas.

Otro ejemplo importante a destacar del mercado de bajo costo han sido las tiendas Oxxo, empresa que ha podido crecer con 6400 sucursales en 29 estados. Ellos se dieron cuenta de que su negocio era competir con las misceláneas que están en las zonas periféricas de las grandes ciudades, en ciudades pequeñas y de turismo en zonas clave de mucha circulación, y no contra los supermercados. Con esta estrategia se han apoderado del 62% del mercado. También se encuentran 500 de 7-Eleven 1000 de Comextra y Waldo's, todas manejando precios iguales.

Este tipo de negocio tiene una proyección de crecimiento de 20% anual y nuevos jugadores se sumarán, como Super City.

El secreto de estas tiendas es que pueden vender más caro, ya que es un tipo de compra de paso. La oportunidad de adquirir el producto cerca de su casa a cualquier hora justifica el sobreprecio.

Otros giros, como las farmacias del Dr. Simi y farmacias Del Ahorro, han logrado hacer un gran negocio de este segmento de bajo costo. Muchos productos son hechos por ellos mismos directamente o maquilados, eliminando los costos de los grandes distribuidores como Marsan, Saba, Nadro o Drogueros.

Un ejemplo digno de mencionar han sido las farmacias del Doctor Fasi, dirigida por el joven Olegario López de 30 años. Su idea original fue crecer en zonas marginadas con muy escasos recursos. Su primera sucursal la creó en 1999 en Netzahualcóyotl. Actualmente cuenta con 60 farmacias y 20 franquicias. Su próximo paso será Centroamérica, dado que tiene un perfil económico similar al de México. En sus farmacias también se dan consultas médicas, ortopédicas y dentales a muy bajo costo.

También empresas grandes como Procter & Gamble han aprendido algunos secretos para conquistar mercados de bajo costo. P&G ha fijado su meta en aumentar sus ventas entre 5 y 7% anual, por los próximos tres años. El segmento de bajo costo representa el 80% de la gente que hace compras en las pequeñas tiendas del barrio. En los últimos 6 años, P&G ha enviado ejércitos de analistas del mercado en todo el mundo para entender las tienditas de la esquina. Las ventas a nivel mundial de P&G en este sector son de 20 000 millones de dólares, comparado con los 8 000 millones de hace cinco años. Los mercados de bajo costo han contribuido a P&G en un 26%; otros jugadores como Unilever Colgate-Palmolive han crecido un 40%.

Muchos analistas pensaron que estos pequeños negocios desaparecerían con la presencia de tiendas como Wal-Mart, pero no ha sido así. Éste ha sido un descubrimiento para los mercadólogos.

A estas tiendas se les denomina "de alta frecuencia", ya que los clientes van varias veces al día. Por lo tanto, han tenido que desarrollar nuevas presentaciones de productos de más bajo precio que las presentaciones normales. Han tenido que buscar nuevas formas de exhibir sus productos y han hallado, por ejemplo, que los productos que se encuentran cerca de la caja registradora tienen un impulso mayor, dado que representan unos segundos de espera, en los cuales pueden estimular la necesidad de compra. Este segmento de bajo costo ha sido toda una experiencia de aprendizaje para estas grandes corporaciones.

Será necesario que usted también aprenda el comportamiento del consumidor en este nivel, si planea expandir su operación en la base de la pirámide.

Los almacenes Coppel han entendido muy bien este segmento, vendiendo el 80% de sus productos a crédito mediante su tarjeta privada a un público con ingresos desde 2 500 pesos mensuales. Su área de cobranza cuenta con 6 000 personas que entregan en los domicilios de los clientes su estado de cuenta. Con ello han logrado que la mayoría de sus 6 millones de clientes tengan línea de crédito. Un éxito digno de destacar.

Recuerde: si piensa incursionar en este segmento masivo, requiere de una estructura diferente, de formas de comercialización diferente, créditos y precios que puedan competir. A cambio de ello tendrá un mercado potencial muy grande con volúmenes de ventas muy importantes. El secreto para tener éxito en este segmento es lograr un costo muy bajo y un diferenciador muy atractivo.

Así lo ha hecho Tata Motors en la India con su carro Nano, de 2500 dólares. No hay carro más barato en el mundo comercial. Su éxito ha sido tan grande, que ha decidido comprar las marcas Jaguar y Land Rover a la Ford, además de tener negocios en telecomunicación, química, acero, hoteles, relojería y joyería. Tata es hoy el grupo industrial más grande de la India.

También el grupo Salinas logró una alianza con First Autmotive Works, uno de los mayores grupos automotrices chinos, lo que les permitirá entrar en este segmento de bajo costo con la marca FAW, que en 2010 la producirán en el país.

CASO DE LA VIDA REAL

Hace algún tiempo una señora llama a mi oficina y me dice que ya había leído mis libros y que era asidua escucha de mis comentarios en radio y en televisión. Se disculpó telefónicamente porque quería hacerme una pregunta acerca de su negocio. Le comenté que no tenía ningún problema, que no significaba honorario alguno por ello, que no se preocupara. Me comentó entonces que hablaba de la ciudad de León. Comenzó diciéndome que hace quince años, ella y su esposo abrieron un supermercado que han hecho crecer con el tiempo. Pero que hace seis meses se abrió un supermercado Soriana a pocas cuadras de su negocio y que esto le estaba afectando significativamente sus ventas. Me preguntó qué podría hacer para frenar esta caída de ventas ante tal situación. Me quedé por unos segundos reflexionando y le contesté, suavemente pero muy firme: "Señora, le aconsejo que haga sus maletas y salga lo antes posible de su esquina".

Sorprendida, ya que esperaba una respuesta más positiva de un consultor como yo, me dijo: "¿Cómo es posible?, ¡ha de haber una mejor solución!". Le comenté que sí la había, pero que era necesario que reflexionara acerca del modelo estratégico de bajo costo que tienen las tiendas Oxxo. "Debe usted aprender lo que ellos descubrieron con los años: descubrieron que les conviene competir con las pequeñas tiendas que se encuentran en las zonas suburbanas de la ciudad, antes que enfrentarse a los grandes monstruos como Wal-Mart, Soriana, Comercial Mexicana y otros por el estilo". Le comenté a la señora que lamentablemente su negocio ahora se encontraba arrastrado por la inercia de un monstruo como Soriana. Es decir, automáticamente se encontraba en el territorio de los grandes. Ese territorio se ha constituido en zona de los grandes peleadores de peso completo. Ello no significaba que debía cerrar su negocio actual, pero había que hacer muchas estrategias para mantenerse en esa zona y sin esperar grandes crecimientos. "Si desea crecer, indague con su esposo oportunidades en zonas donde usted y su experiencia puedan agregar valor al cliente, como lo ha hecho muy bien Oxxo". Luego de varias conferencias telefónicas y de intercambio de información, ellos han abierto su nuevo negocio en una zona en las afueras de la ciudad y han comenzado a realizar varias estrategias de promociones en su nuevo negocio, que ellos muy bien saben hacer: reduciendo sus costos de operación significativamente. También les comenté que en el futuro su mentalidad debía emigrar a la Estrategia núm. 11, que verá usted más adelante, a la que llamo "Guerra de Guerrillas". En ella concentrarán su atención en continuar abriendo más tiendas dentro de la nueva zona, lo que les permitirá crear economía de escala y mejorar sus fuerzas de negociación con proveedores. Esto le permitirá no cometer el mismo error de aspirar a un crecimiento únicamente con un negocio en una esquina.

Analice usted también si su negocio está pasando o puede pasar por una situación similar a la de los señores del supermercado de León.

# Estrategia núm. 5

# Llegó el tiempo de emigrar

EN ESTA ESTRATEGIA:

- Conocerá las oportunidades que han identificado las empresas que han mirado más allá de sus fronteras.
- Sabrá que las empresas han identificado ya el poder que significa diversificar el tipo de mercados.
- Conocerá muchos ejemplos de empresas que aplican este modelo estratégico.
- Podrá identificar que no sólo las empresas grandes aplican este modelo, sino también pequeños empresarios.
- Verá que las empresas han pasado de ser internacionales a ser compradoras de empresas locales en diversos países.
- Sabrá que la migración ha permitido a varias empresas constituirse como jugadores globales en un mundo de competidores.
- Comprenderá el beneficio de competir desde dentro de los países, y no sólo tener un área de exportación hacia otros países.
- Entenderá cómo la economía de escala a bajos costos ha sido el mayor valor de la migración.
- Recibirá ejemplos de empresas triunfadoras en este modelo estratégico.
- Sabrá cómo debe aplicarlo en su empresa, no importando su tamaño.

El principal problema de las empresas en el mundo es encontrar un modelo de crecimiento que reemplace la estrategia tradicional de crecimiento económico con base en exportaciones. El problema consiste en que este modelo de crecimiento, en la actualidad, se ve apabullado por las exportaciones chinas.

Uno de los cientos de ejemplos que podemos dar de su capacidad de exportación es que Shangai fabrica la sorprendente cantidad de 75 millones de bicicletas y exporta 50 millones al mundo.

┌─────────────────────┐
│ **Expanda su negocio** │
│ **lo más posible** │
└─────────────────────┘

Se producen 600 mil millones de teléfonos al año en un mundo, en el cual China produce 470 mil millones, más del 50% de la producción mundial. Así podríamos nombrar muchos productos en que este país es el productor mundial más grande y más económico de la Tierra.

En los años de oro de los cincuenta a los ochenta, las grandes empresas encontraron un espacio de crecimiento en las exportaciones, de acuerdo con el crecimiento poblacional de aquella época. Eran los tiempos en que las empresas tenían una división llamada "internacional", para atender la demanda de los países. De los sesenta a los ochenta, empresas de Taiwán, Singapur, Corea del Sur, Hong Kong, Japón, Europa y Estados Unidos se dedicaron a enviar productos a todos los mercados del mundo.

En los últimos 50 años, la sobresaturación de productos agotó el modelo de crecer sólo a través de la exportación, ya que hay países con mano de obra y costos de infraestructura muy bajos, que compiten agresivamente en el mundo. Esta desigualdad competitiva ha hecho que muchos empresarios comprendieran que "El secreto es emigrar". Varios industriales del calzado han optado por tener sus fábricas en los países asiáticos y desde ahí exportar al mundo, incluso a México. La industria textil también ha optado por esta misma estrategia.

La empresa Zara es uno de los cientos de casos de empresas del mundo que quieren aprovechar los 0.48 centavos de dólar la hora de mano de obra china.

┌─────────────────────┐
│ **Compita desde** │
│ **adentro e invierta** │
│ **en otros países** │
└─────────────────────┘

De hecho, los países que atraen empresas, alientan a que inviertan en sus países y a que operen como empresas locales. Esta competencia interna propicia una presión competitiva necesaria para hacer más eficientes las empresas de ese país y genera divisas.

Las grandes empresas en México han optado por una estrategia de expansión, invirtiendo en otros países y compitiendo desde adentro como país local con los beneficios del mismo. Esto les permite aprovechar las ventajas que el país anfitrión les proporciona para que exporten sus productos. Empresas como Mexichen ya tienen presencia en 14 países, Nemak en 14, Mabe en 11, Softeck en 8, Cinépolis en 5, Alsea en 4 y Zara en 48. Mittal Steel de la India se ha transformado en la empresa productora de acero más grande del mundo al tener presencia en más de 14 países, incluso en México. Compró la Siderúrgica Lázaro Cardenas-Sicartsa por 1 400 millones de dólares.

Diez empresas gigantes mexicanas que dominan su mercado a nivel nacional decidieron también emigrar y comprar empresas extranjeras como una opción para seguir creciendo. Cemex, Telmex, Comex, Peñoles, América Móvil, Gruma, Alfa, FEMSA y Mexichen decidieron salir para diversificar su mercado, ya que no tienen rival local.

Peñoles es la segunda minera mexicana más importante.

Gruma es el mayor productor de maíz en México.

América Movil, con Telcel, concentra el 80% de los usuarios celulares.

Telmex tiene el 95% de la telefonía local y el 75% de larga distancia. Cemex compró por 5 800 millones de dólares la productora de cemento inglesa RMC y se posicionó como el productor más grande del mundo.

Telmex, de Carlos Slim, compró AT&T y Embratel en Brasil, alcanzando el primer lugar.

Comex compró Professional Saint Inc por 5 000 millones de dólares. Gruma compró en Europa a Ovis Boske, con sede en Holanda, y a Franchesco & Figli en Italia, pagando por ambas 30 millones de dólares. Cuenta con 75 plantas en Estados Unidos, Europa, México, Centroamérica y Sudamérica. Invirtió más de 100 millones de dólares en construir una planta productora de tortillas en Shanghai-China.

Alfa compró la empresa Sosúa en República Dominicana.

Peñoles compró la compañía minera Milpo en Perú.

El grupo FEMSA adquirió Panamco por un monto de 3 000 millones de dólares.

Bimbo se expandió a toda Latinoamérica, Estados Unidos, Checoslovaquia y últimamente a China, transformándose en una empresa de 7 700 millones de dólares anuales, con 5 000 productos y 1 000 marcas.

Mexichen se expandió a Colombia (compró la empresa Procesal), Brasil (compró Amanco), Perú y a más de 14 países. Pasó de ser una empresa de 300 millones de dólares, a una organización con ingresos de 1 700 millones de dólares. En cinco años multiplicó por diez su valor de ventas. Por si fuera poco abrió su banco Ve por Más. Mexichen vende en petroquímica 6 650 millones de pesos y con ello se acerca a las ventas de petroquímicas de Pemex, que son de 7 550 millones de pesos.

Tiendas Coppel se expandirá en Latinoamérica, iniciando con seis tiendas en Brasil y en Argentina.

> **Los productos no tienen patria, el dinero es universal y las necesidades no tienen fronteras**

La embotelladora ARCA compró el grupo de refrescos Yege y el Grupo Guerrero de Argentina, con el que tendrá el 22.6% del mercado, si a ello le sumamos lo que ha comprado FEMSA en el mismo país. Los dos grupos mexicanos tendrán el 58% del mercado argentino.

El grupo Senda, que tiene una enorme flota de autobuses de pasajeros, abrió rutas del centro del país hacia Texas. Su idea es cubrir todo el estado de Texas y crecer a otros estados de la Unión Americana. En un solo año ha podido transportar más de 320 000 pasajeros en esas rutas fuera de México, con más de cien unidades.

Selther, empresa de colchones con 30 años en el mercado, ha expandido sus operaciones en Estados Unidos, Centroamérica, España, Suecia y comenzará operaciones en Colombia, Brasil, Argentina y Chile. Así mismo ingresará muy pronto en Japón, China e India. Nada mal para una empresa que vende descanso.

Grupo Alfa hoy tiene operaciones en 16 países con ventas anuales de 10 000 millones de dólares. Este cambio estratégico de aplicar el modelo de "migración" ha permitido que sus ventas foráneas hoy sean mayores que las domésticas, una evidencia más de la fuerza de este modelo estratégico.

Como usted ve, son claras las evidencias de grandes oportunidades para empresas dentro del mundo de la saturación y la globalización, de asumir el riesgo y utilizar la "Estrategia de Migración". El concepto de país de origen ya ha cambiado: hoy un producto puede ser diseñado en un país, fabricado en otro usando piezas de diversos lugares y vendido a otros países con otros nombres. Pocas son las excepciones, como el caso de la cerveza Corona, cuya publicidad y producción se hace en México, ya que venden el "origen mexicano", y ello les ha dado mucho éxito en el mundo.

Este modelo estratégico al que han optado las grandes empresas: "pasar de exportadoras a convertirse en inversionistas", y crecer desde adentro de los países, es una buena estrategia a considerar para las empresas que desean crecer. Es un modelo que todas las empresas del mundo están aprovechando. Analice la oportunidad de incursionar en mercados vecinos, para extender su capacidad de crecimiento, y no se concentre sólo en el mercado local. Corre el peligro de quedar atrapado por nuevos jugadores que ingresen al país con estrategias de migración.

Si su organización no tiene el tamaño de las que mencioné, no importa: el principio se aplica para cualquier empresa que encuentre oportunidades de crecimiento en otros países. Vea un solo ejemplo: la farmacia Fasa de Chile se expandió a toda Latinoamérica y compró las 600 tiendas Benavides de México. Las farmacias Similares tienen más de 50 tiendas en toda Latinoamérica y continuarán abriendo nuevas.

> **Incursione en mercados vecinos, no se concentre sólo en el mercado local**

Oxxo abrirá nuevas tiendas en Centroamérica, Colombia, Venezuela, Argentina y Brasil.

Cinépolis exportará sus cines a Colombia, El Salvador, Costa Rica y Panamá. Con ello podrá incrementar las 88 millones de personas que van anualmente a sus salas de cine.

En este nuevo mundo de la sobresaturación de productos es necesario que todos los empresarios, grandes y chicos, comprendan que ya no existen barreras, que ya nada es lejano. Usted debe atender a seres humanos sin importar de qué nacionalidad sean: su negocio es para atender necesidades comunes de los seres que habitamos esta Tierra. De nada sirve que usted haya crecido en una zona o región. Esa forma de pensar es muy peligrosa en esta época: hoy debe darle valor a su negocio, incrementando su mercado y siendo proveedor de una gran compañía para que su empresa se integre al mundo global. No olvide que hoy los productos no tienen patria, el dinero es universal y las necesidades no tienen fronteras. Los consumidores no compran influidos por sus sentimientos nacionalistas. Cuando un cliente paga en la caja no se preocupa de dónde vino el producto. El país, la plaza, la zona donde usted hizo crecer su negocio no tiene importancia alguna, dado que está vendiendo a personas, no a zonas. Aprovéchese de esta necesidad tribal que tenemos en común los seres humanos que habitamos esta Tierra.

El modelo de migración es una oportunidad que nadie debe perder, ni grandes ni pequeños comerciantes. Es una oportunidad de crecer y de balancear las variaciones de la economía local.

## Estrategia núm. 6

# Mercado cautivo

EN ESTA ESTRATEGIA:

- Sabrá cómo hacer dinero con clientes cautivos con sus productos.
- Verá la importancia de identificar productos que le permitirán vender constantemente.
- Sabrá cómo diseñar una estrategia de productos que tengan la característica de mantener al cliente siempre cautivo.
- Conocerá las empresas que han aplicado esta estrategia.
- Aprenderá a aplicar en su empresa este modelo estratégico.
- Comprenderá cómo el mercado cautivo permite tener un ingreso permanentemente de productos que requieren servicio o repuestos para funcionar.
- Identificará cómo debe pensar para diseñar una estrategia de mercado cautivo.
- Aprenderá que el mercado cautivo le permitirá pensar en nuevos productos y segmentos de mercado que nunca había imaginado.
- Verá que la aplicación de este modelo estratégico requiere de una modificación en la forma en que actualmente tiene diseñada la estrategia comercial de algunos de sus productos.
- Sabrá que la estrategia de mercado cautivo le permitirá vender más a cada cliente que actualmente tiene en su cartera.

Existen muchas oportunidades de crecimiento para las empresas que tienen a su cliente cautivo por horas. Compañías aéreas, por ejemplo, tienen a sus clientes sentados por varias horas y aún no han podido encontrar la manera ideal para hacer que el cliente compre mientras dura el vuelo. Una empresa de Las Vegas está contemplando la posibilidad de poner los primeros juegos de azar en los respaldos de los asientos de los aviones.

Compañías de camiones como ADO han incorporado tecnologías nuevas a sus camiones de pasajeros, de tal forma que durante el viaje pueden ver películas (vía satelital) de alta definición y usar sus computadoras e internet. Así mismo pueden registrar a los pasajeros que suben durante el trayecto, permitiendo al chofer cobrar el boleto.

Entre de lleno en el negocio de los clientes cautivos

Este modelo estratégico de venderle al cliente cautivo lo hemos visto aplicado por muchísimos años, pero pocos empresarios lo han aplicado a sus propios negocios.

¿Se imagina usted en un estadio de futbol en el que no vendan bebidas o comida mientras ve el partido? Sería una locura no hacerlo. El aficionado se encuentra cautivo más de noventa minutos del partido. En ese tipo de negocio siempre nos pareció natural vender algo más que el boleto, pero nunca en otros tipos de negocio que no sean deportes. ¡No pierda esta perspectiva!

Empresas como Wal-Mart lo comprendieron y se les ocurrió vender servicio bancario, aprovechando un promedio de 20 000 personas que circulan por cada una de sus tiendas en un día de fin de semana. Hoy ya lo comprendieron y no se explican cómo no se les había ocurrido antes: 20 000 personas y ¿sólo les vendíamos productos tradicionales de supermercado? Los clientes tienen muchas otras necesidades más que comida.

Elektra fue la primera en comprenderlo al abrir su Banco Azteca, que ahora cubre no sólo México, sino también Latinoamérica. A esta empresa le han seguido Famsa, H. Vázquez, Mexichen, Coppel, AutoFin y seguramente le seguirán Chedrahui, Ley, Liverpool y cientos más.

Cualquier empresa de transporte de pasajeros de tramos largos tiene un promedio de un millón de pasajeros al mes: unos diez millones al año, un enorme mercado potencial para muchos tipos de productos. Esto es una gran oportunidad para poner la creatividad a trabajar y definir aquello que pueden vender a sus clientes cautivos, sentados por horas en sus viajes. ¿Y como qué se puede vender a un cliente cautivo?: catálogos, todo tipo de productos para el hogar, seguros y hasta una máquina expendedora diseñada exclusivamente para los más de cien mil camiones de pasajeros que existen en México. Habrá otras ideas que a usted se le ocurran.

Las tiendas Liverpool, por ejemplo, en su división de crédito tienen más de 1 776 000 usuarios de sus tarjetas de crédito, suficientes para motivarlos a ingresar al mundo financiero a través de un banco. Seguramente se redefinen en esta época, como un negocio financiero que vende a través de tiendas departamentales.

¿Tiene usted una empresa cuya característica sea tener una enorme cantidad de clientes cautivos, a los que sólo les vende productos tradicionales? ¡Cuidado! Puede estar perdiendo una gran oportunidad de incrementar sus ingresos por no ofrecer otros productos y servicios a sus consumidores cautivos.

Observe usted cómo las salas de espera de los aeropuertos se han transformado en verdaderos centros comerciales. Es un verdadero centro comercial con su propia terminal aérea. Y la razón es que el cliente está ahí por horas cautivo.

Si observa, pocos restaurantes, como es el caso de Wings, han visto esa oportunidad. Pregúntese ¿por qué Vips, Sanborn's, Italiani's y muchas más aún no han ingresado a los aeropuertos? No existen otras razones que yo desconozca, más que los hábitos arraigados de sus mercados tradicionales. Deberían considerarlo. Tiendas como Scappino han visto la gran oportunidad en los aeropuertos y ahí están.

Las tiendas Duty Free, que fueron creadas en 1946 en Shannon, Islandia (sorprendentemente el local continúa), hoy son negocios millonarios aplicando la estrategia del mercado cautivo. Actualmente el lapso promedio de espera en un aeropuerto es de tres horas, contra una hora hace diez años, por lo que las compras se convirtieron en una buena forma de aprovechar el tiempo, y en una gran oportunidad para cualquier tipo de negocio. Analice este nicho, ya que es un segmento de la economía que seguirá en franco crecimiento, porque el tráfico aéreo seguirá desarrollándose y las tiendas libres de impuestos o cualquier otra serán un canal de distribución por excelencia.

El negocio de las salas de cine, por ejemplo, ha explotado esta estrategia estupendamente bien, vendiendo sus productos a precios elevados, hasta el punto de que el 70% de sus ingresos no proviene de la película, sino de lo que le venden mientras está usted cautivo en el cine.

En Estados Unidos, en una gasolinera donde usted mismo se atiende, ya existe una empresa que, mientras usted hecha gasolina, escucha anuncios y promociones desde una bocina que está en la misma bomba.

Las instituciones bancarias también han logrado una excelente productividad por cliente, ofreciéndole no sólo servicios bancarios, sino también otros que antes no estaban considerados, como son: seguros, casa de bolsa, etc. La banca le llama a este modelo "Ventas Cruzadas".

La forma de identificar la oportunidad de nuevos productos en clientes cautivos es cambiar el "concepto de clientes por el concepto de canal".

Por ejemplo, las compañías distribuidoras de medicamentos se consideran únicamente provedoras de tales productos y visitan diariamente cientos de farmacias, pero tienen unas dos mil farmacias cautivas. Si las vieran como un canal seguro, venderían otro tipo de productos y crearían otro tipo de empresas paralelas.

Nuevamente Elektra ha sido muy inteligente en definirse como un canal; todo lo que pueda ponerle al canal no dudará en adicionarlo, como ha sucedido con la incorporación de teléfonos, envío de remesas Western Union, motocicletas y muy pronto automóviles a China, para atender a sus millones de clientes cautivos en sus líneas de crédito.

También los portales de internet lo aplican eficazmente. Mientras lo tienen a usted cautivo en el portal, la publicidad surge todo el tiempo, ofreciéndole un sinnúmero de productos.

Tiendas Coppel es otra empresa que tiene 6 millones de clientes cautivos en sus 675 tiendas. Su desafío hoy es transformarse en uno de los principales operadores de servicios financieros para el mercado popular mexicano. Se han diversificado y operan además en la venta de ropa, enseres domésticos y zapatos. Abrió una afore, pidió licencia para operar un banco y recientemente adquirió la Sofol Crédito y Casa, que es la tercera firma hipotecaria del país. Con ello, será la primera cadena de tiendas comerciales que venderá viviendas. Ellos también se han definido como un canal que ahora les permite incursionar como operadores de servicios financieros.

Analice si su negocio tiene muchos clientes cautivos e identifique nuevas oportunidades de ventas de productos para ese mercado. La finalidad es que no sólo venda el boleto para ver el partido de futbol, aunque a ello vayan al estadio: noventa minutos es mucho tiempo para motivar a los espectadores a comprar más cosas.

## Estrategia núm. 7

# El nuevo lujo

EN ESTA ESTRATEGIA:

- Identificará nuevos mercados que están dispuestos a pagar más por un producto diferente.
- Sabrá que este segmento de mercado es muy rentable y produce utilidades excepcionales.
- Conocerá que el concepto del nuevo lujo no es un mercado exclusivo para ricos.
- Verá la oportunidad que tiene su negocio de incursionar en este segmento, si modifica sus productos o adiciona una nueva línea de productos para sus clientes.
- Aprenderá que la estrategia del nuevo lujo puede ser desde un simple café hasta un viaje en jet privado.
- Identificará que ha nacido un mercado para una nueva generación de personas con buenos ingresos, dispuestos a invertir en ellos sólo porque desean vivir mejor y distinguirse de los demás.
- Podrá atraer a un nuevo tipo de clientes que antes no había considerado para su empresa

Varias empresas han optado por el modelo estratégico que atiende el mercado del nuevo lujo. Este mercado se define por productos que brindan beneficios técnicos, funcionales y emocionales, con una oferta para un segmento reducido.

La estrategia está dirigida al segmento de mercado de buenos ingresos: sin ser rico puede aspirar a ciertos productos de un precio más elevado, aunque no sean productos exclusivos para súper ricos. En este segmento no encuentra usted un Roll Roice edición limitada o un Ferrari Testarossa, un Bentley o un Koenigsegg CCXR, de más de 2 400 000 dólares. No estamos hablando de ese nivel.

El mercado del nuevo lujo fue un segmento del negocio que antes era exclusivo de los grandes acaudalados, pero actualmente es una inversión que la gente hace para sí misma.

Los productos de nuevo lujo están dirigidos a aquellas personas que aceptan pagar más por un producto que luzca distinto, que sea visiblemente diferente por su tecnología, calidad, exclusividad o marca. La gente en este segmento espera pagar más por un mejor producto, pero la calidad debe ser muy visible, algo que le garantice imagen y distinción a la persona.

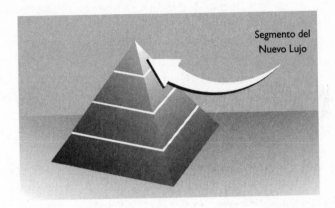

Segmento del
Nuevo Lujo

Productos como Rolex son caros, pero han logrado precios accesibles para un comprador de buenos ingresos. Aunque en el fondo el nombre Rolex no le dará mejor la hora, sí lo distinguirá.

Los productos para el segmento del Nuevo Lujo deben dar prestigio. Cuando uno se gasta su dinero en algo caro, espera que sus amigos, compañeros de trabajo y vecinos sepan que lo que tienen puesto es caro.

En general la industria suiza ha producido relojes que verdaderamente tienen precios elevados, que van desde 8 000 dólares, hasta 2 millones de dólares. Marcas como Franck Muller, Audemars Piguet, Patek Philippe, Jaeger-Le Coultre, Omega, TAG Heuer, MontBlanc, Bvlgari, Cartier comprendieron que un reloj es la joya más valiosa que puede llevar un hombre, y todos apelan a su ego. En ello se han enfocado y han ganado la batalla en este segmento.

Por ejemplo, productos como Vodka Belvedere, un Don Perignon, un Chivas Rigal o un Johnnie Walker Blue Label cuestan 400% más que los

El mercado del nuevo
lujo es una nueva
oportunidad de
negocio

comunes, pero realmente es accesible a compradores que desean beber bien. La lencería de Victoria Secret es un ejemplo de este tipo de marcas del nuevo lujo: los palos de golf Callaway, la ropa de Ivest Saint Lorain, Hugo Boss, Salvatore Ferragamo, Hermenegildo Segna, Giorgio Armani, Montblanc, incluso un Starbucks, donde la gente acepta pagar desde 300% más por un café. También existen sandalias alemanas de lujo de la marca Birkenstock, que es la quinta empresa productora de zapatos cómodos del mundo. Si usted desea verse diferente y cómodo, debe pagar por una simple sandalia un promedio de 150 dólares.

La empresa italiana Illy café ha contraatacado ante el éxito de Starbucks, gracias a que se ha transformado en cafetería tipo gourmet. Illy posiciona el café como Gucci lo hace con sus bolsas, en el nivel de nuevo lujo del mercado. Han creado también bares llamados "Expressamente", con un *loock* de boutique de modas, rodeando sus productos con tazas y platos cuyo diseño es obra de artistas contemporáneos afamados. Sus tiendas las ubican en zonas exclusivas y están diseñadas por arquitectos destacados. Esta estrategia de Illy de posicionarse en el segmento del nuevo lujo le ha permitido estar presente en 140 países, y pronto se extenderá a la industria de los alimentos de hoteles y restaurantes, para quien desee pagar más por algo que los distinga y los haga vivir diferente.

Si desea gastar más en su casa, compre para su próxima cocina la línea de General Electric Profilel: cocinas de un toque único, como su precio. No importa: el mercado del nuevo lujo lo paga gustoso.

La particularidad de este segmento son los elevados márgenes de utilidad, es un nicho menos saturado, donde la imagen de la marca es un atractivo fundamental para el éxito.

Este mercado del nuevo lujo lo vemos también en aquellos que deciden pagar más para viajar a lugares exóticos, distintos, únicos, con cruceros especiales, e incluso con líneas aéreas de primera clase.

La empresa Virgin Atlantic Airways ha incluido algunos servicios para el segmento de mercado que acepta pagar más para tener mayor comodidad.

Puede usted tener su pase de abordar sin tener que bajar de su carro: basta con bajar el vidrio de su ventana y extender la mano hacia una máquina para tener su boleto. Puede llamar a Virgin para que un taxi de la aerolínea lo pase a buscar y avise al aeropuerto que usted está en camino.

El taxi lo deja en Fast Track de migración, donde inspeccionan sus maletas y después lo lleva al Clubhouse de Virgin. Esta sala de espera tiene un SPA que dispone de regaderas, donde puede hacerse manicure y masajes. Si desea puede

cambiarse de ropa; además le plancharán sus camisas y lustrarán sus zapatos gratis. Puede viajar en primera clase con una cama en la que dormirá totalmente horizontal, e incluso puede tener otra cama pegada a la suya para su acompañante. Todo para un mercado del nuevo lujo.

En los automóviles encuentra también este tipo de producto aspiracional. Muchas personas aceptan pagar por una 4×4, porque su diferencia es muy notoria, aunque nunca tengan que transitar por caminos de tierra, ni sean aventureros que deseen transitar por montañas y ríos. Esto explica por qué la gente se gasta una gran suma de dinero en sus coches: fortalece su imagen de éxito e impresiona a sus conocidos y vecinos. En este sentido, un carro de marca que se vea muy popular será un fracaso seguro. Por ello la Mercedes-Benz debería declinar su esfuerzo por continuar haciendo carros populares con la marca Mercedes-Benz. No lo va a llevar a ningún lugar.

En el mundo de la gastronomía también encontramos tipos de restaurantes donde se paga un 100% más por un platillo, sin ser un restaurante donde tenga que pagar por una botella de buen vino 2000 dólares. Existe una serie de restaurantes exóticos, como el Tetsuya en Sydney Australia o Lárpege en París, el Bulli Ferran Adriá en Girona, España, cuyos menús alcanzan los 300 dólares. Así mismo, los servicios personales de Spa's de gran suntuosidad, cirugía estética, masajes se han posicionado en este tipo de mercado.

Si usted lector es una dama, le aconsejo que si en uno de sus viajes va a la ciudad de París, pase por la 68 Champs Elysées. Desde 1914 se encuentra la Maison Guerlain, donde podrá tener una experiencia maravillosa: ahí podrá encontrar desde un perfume hecho a su medida, hasta tratamientos dignos de una diosa. Es un imperio para sus sentidos. No necesita ser millonaria, sino únicamente querer gastar más en su cuerpo.

Las tiendas Zara lograron incursionar en este concepto brillantemente. Cualquier prenda que llevara el nombre Eva Longoria o Victoria Beckham causó furor al pasearse por alguna avenida de Nueva York. En menos de 15 días usted podría encontrar una prenda similar en una tienda Zara. Sus productos no son populares, pero tienen diseños de última moda, sin necesi-

> **Un precio alto es atractivo para un consumidor ávido de destacar**

dad de cobrar el precio excesivo que las estrellas del momento tienen que pagar. Zara logró destruir el concepto de colecciones de temporada, y puso al alcance de la clase media ropa de buen diseño a un precio accesible.

Si desea ampliar su mercado en este segmento del nuevo lujo, le sugiero que ponga su mirada en Asia. Se considera que China, para el 2015 será el segundo mayor consumidor de objetos y lugares para el nuevo lujo, por encima de Japón y sólo por detrás de Estados Unidos.

En Italia usted puede encontrar en la Via Veneto-Roma los hoteles y boutiques, iconos de la opulencia italiana. Pero si desea el gran lujo, eche una mirada al hotel Emirates Palace, el más lujoso de la Tierra, con 114 cúpulas de oro cuyo costo ascendió a 3 mil millones. La habitación más barata le cuesta 1 550 dólares. Este hotel le quitó el primer lugar al Buró Al Arab de Dubai, otro buen lugar para el mercado del nuevo lujo.

Otra particularidad del segmento del nuevo lujo es que el precio dice algo sobre el producto. Dice que el producto vale mucho. El precio alto se convierte, en consecuencia, en una ventaja inherente del producto. Si quiere incursionar en ello, vea las nuevas revistas para el segmento del nuevo lujo que se encuentran en el mercado, como *Status* o *Lujol*, donde le promueven todo tipo de productos que van dirigidos a este perfil de comparador. Las empresas posicionadas en este tipo de segmento también comprenden que su publicidad debe estar dirigida a donde ellos se encuentran: eventos deportivos importantes, partidos de tenis, certámenes de golf, carreras de caballos, de autos, lanzamientos de nuevos perfumes y vinos de marca, o cualquier otro tipo de evento donde se encuentre este tipo de comprador.

Le aconsejo que considere la opción de incursionar en este tipo de segmento de mercado, ya que la clase media de México no sólo tiene el dinero para pagar artículos de lujo, sino también es un asiduo comprador. Están llegando al país muchas empresas que ofrecen productos para este mercado de alto valor. Nada más Salvatore Ferragamo planea abrir más de 40 tiendas. Así mismo, Hugo Boss tiene 50 tiendas y Louis Vuitton 8. De la misma manera, Conti, Nina Ricci, Prada y Aldo Conti han abierto varios puntos de ventas en Monterrey, Guadalajara y en la Ciudad de México. Sacks abrió su tienda en México, convirtiéndose éste en el tercer país del mundo fuera de Estados Unidos en contar con tal tipo de tiendas. La tercera parte de la población de México tiene acceso a comprar en este tipo de tiendas. Según ACNielsen, México es el cuarto país que consume marcas de lujo en el mundo. Esto pondrá a México como un caso único de los países emergentes. A nivel mundial, este tipo de segmento crecerá 70% para 2012; por ello no deje de considerar la estrategia del mercado del nuevo lujo, ya que puede ser una gran oportunidad para usted.

No olvide que el ego deja mucho dinero

Analice si en su tipo de negocio puede incursionar en este segmento, ya que es un mercado que garantiza un menor número de competidores y jugosos márgenes de utilidad. No olvide que el ego deja mucho dinero.

## Estrategia núm. 8

# Sumarse a infraestructuras existentes

**EN ESTA ESTRATEGIA:**

- Encontrará una forma de acelerar el crecimiento de sus ventas, reduciendo el ciclo natural de evolución de su cartera de clientes.
- Podrá identificar qué cosas pueden expandirse más rápido, en más zonas, sin mucha inversión.
- Identificará que existen nuevas oportunidades, si se suma a negocios ya existentes y consolidados en el mercado.
- Conocerá oportunidades para multiplicar su negocio mucho más rápido de lo que lo ha hecho hasta ahora.
- Identificará oportunidades donde nunca imaginó.
- Visualizará que la complementariedad es un gran negocio, que nunca antes hubiera usted imaginado.
- Podrá hacer crecer su empresa al saber cómo sus productos pueden ser una ventaja para otros negocios, a quienes les interesa ampliar su cartera junto a usted.
- Aprenderá a aumentar el tráfico de clientes en su negocio, ofreciéndoles nuevas oportunidades de ventas.

Muchos empresarios han comenzado a utilizar este modelo estratégico con gran éxito. El objetivo de este modelo es utilizar estructuras ya existentes y sumarse a ese negocio con el fin de aprovechar la frecuencia de clientes que tienen esta infraestructura. Con este modelo, las empresas ganan en tiempo, marketing y en desarrollo de infraestructura, para atraer clientes a sus negocios. El cliente ya asiste a estos establecimientos, y esto permite tener un mínimo de ventas asegurado.

Por ejemplo, las gasolineras tienen clientes cautivos que llegan a la estación y muchas tiendas, como Oxxo, AM/PM, se han incorporado a este negocio para consumidores que pueden adquirir otra cosa además de la gasolina.

Los centros comerciales son otra infraestructura natural, donde el valor de la renta está determinado por la frecuencia de personas que tienen ese centro. Las compañías automotrices los han utilizado con gran éxito, poniendo sus automóviles en los pasillos del centro comercial.

La empresa Cinépolis construía centros comerciales, rentaba los espacios a las grandes tiendas como Liverpool, Sanborn's, Martí, Italianis y muchas otras, para generar flujo de clientes y poner sus cines. Curiosamente, también ellos son constructores que se dedican a poner cines en sus centros comerciales. Hoy utilizan también centros comerciales ya establecidos y construyen sus cines para aprovechar la afluencia de clientes que frecuentan ese centro. Tal fue el caso de Perisur, donde edificaron cines en el techo del centro comercial con gran éxito: los más de 70 000 personas pasan por cines en un fin de semana.

Empresas como Scappino utilizan para vender la infraestructura de las grandes tiendas como Palacio de Hierro y Liverpool.

El secreto de esta estrategia es identificar negocios ya establecidos en los que usted se pueda sumar y aprovechar su infraestructura.

No sería nada extraño que en el futuro, las agencias automotrices utilicen la frecuencia de clientes de un Wal-Mart par vender sus carros, ya que en un día de fin de semana en un Wal-Mart circulan un promedio de 20 000 personas. Esa cantidad de personas no las tiene en su sala de exhibición una agencia automotriz en dos años.

Tampoco sería extraño que en el futuro, Wal-Mart se motive a realizar alianzas con las armadoras para que les permitan tener un canal de venta de carros de cualquier marca, siempre que sean de bajo precio. Lo que le sobran son clientes para ese mercado que podría financiar con su nuevo banco.

Hace muchos años este modelo era un sentido común puesto en acción, ya que todos los comerciantes sabían que si se instalaban cerca de otro negocio similar, creaban masa crítica de clientes y ambos se beneficiaban. Con los años comprobamos que hay zonas de buenos restaurantes y zonas de comercios que venden artículos eléctricos. Estar cerca unos de otros no significa que tendrán menos clientes, ni que reducirán sus ventas por tener el competidor a 20 metros. Por el contrario: crea más circulación y todos ganan.

Hoy hay múltiples formas para aplicar esta estrategia. Starbucks e iPod ya trabajan juntos, y los jóvenes tomando un café pueden bajar la música a su iPod.

Los hoteles de bajo costo hacen alianzas con cadenas de restaurantes para que construyan sus restaurantes junto al hotel y atiendan a los clientes que se hospedan.

El negocio "La Ciudad de los Niños" utiliza los centros comerciales para poner sus negocios: necesita de la circulación para tener éxito. Ellos no se conciben como un negocio que puede estar aislado de un Centro Comercial, o de otro tipo de negocio que le proporcione el mismo número de personas. Pregúntese con quién puede unir su fuerza para utilizar su infraestructura e ingresar a un mercado que hoy usted no tiene, a una zona del país en la que aún no se posiciona, e incluso en otros países vecinos. De esta forma, sin ser una empresa grande, puede sumarse para complementar un negocio ya establecido en alguna zona.

# Estrategia núm. 9
## Modelo pull de creación de demanda

EN ESTA ESTRATEGIA:

- Entenderá la importancia que tiene ayudar a sus clientes a crecer con sus productos.
- Cambiará su percepción y paradigma acerca de lo que es un cliente, cuando piensa en generar demanda y no sólo en vender.
- Identificará la trascendencia que tiene observar a sus clientes bajo la perspectiva financiera de ahorro y de solución, más que como un sujeto que compra su producto.
- Podrá descubrir la oportunidad de nuevos productos al ver a sus clientes bajo el principio estratégico de creación de demanda.
- Se transformará en un "solucionador" y en un "desarrollador" de sus clientes, consolidando su relación con ellos.
- Podrá construir nuevos modelos de relación comercial al visualizar el mercado bajo la perspectiva de demanda más que de oferta.
- Encontrará múltiples formas de acrecentar su negocio con los mismos clientes.

Algunas compañías han comenzado a pensar, forzadas por la saturación de los mercados, en la existencia de un nicho que genere valor a través de la creación de demanda en los clientes existentes. El objetivo es ampliar la relación con ellos mejorando la cadena de valor para el cliente. Al ampliar esta relación con los clientes, los beneficia y se beneficia usted con más ingresos y utilidades, además de que los mantiene más satisfechos con su producto y servicio.

Significa que existe una gran oportunidad de crecimiento ayudando a los clientes a mejorar sus costos, a ganar más dinero, a reducir desperdicios, tiempos muertos, y a mejorar la aplicación de sus productos para que reduzcan sus costos de operación. A menudo los beneficios provienen de ofrecer a los clientes la capacidad de reducir la complejidad de sus procesos

> **Para crear demanda es necesario conocer a sus clientes, sus problemas, sus urgencias**

con nuestros productos, mejorando la aplicación y uso de ellos.

Muchas empresas de Call Center han logrado ayudar a sus clientes no sólo a atender sus llamadas para sus ventas, sino también a lanzar sus productos, mejorar su cobranza y manejar sus campañas de promoción.

En general estas empresas han encontrado servicios adicionales que agregan valor al cliente, ahorrando tiempo, esfuerzo y logística para este tipo de actividades.

Para crear demanda es necesario comprender a sus clientes, sus problemas, sus urgencias. Para ello debe preguntarse:

¿Qué problemas tiene nuestro cliente con nuestro producto?

¿Podrán aplicarlo mejor?

¿Qué problemas tienen para comprarnos?

¿Es fácil hacer negocio con nosotros?

¿Cómo pueden reducir sus costos?

¿En qué pierden tiempo y dinero que nosotros pudiéramos ahorrarle?

El objetivo es que encuentre un cuello de botella que usted le puede resolver.

Empresas de gases como INFRA hacen que sus clientes consuman, poniéndoles sus tanques estacionarios, ahorrándoles tiempo y brindándoles la seguridad de que el mismo cliente vigilará el inventario y hará su compra con anticipación.

Otras empresas, como Harley Davidson, han creado toda una serie de productos alrededor de sus motos, creando un club para sus fans, revistas para que se enteren de todo lo relacionado con personas como ellos, financiamientos, chamarras, modelos de motos sobre diseño, y diversos accesorios para los fanáticos de las Harley. Esto sólo se puede crear cuando usted tiene una relación muy estrecha con sus clientes y los entiende.

Home Depot y otras tiendas departamentales han creado un concepto de solución integral. Si usted desea cambiar su cocina, no sólo le pueden vender una, sino que un diseñador le ayuda a elegir y además le resuelven el problema de la instalación.

Para poder ingresar a esta estrategia debe tener en mente cómo puede ayudar a sus clientes:

- Reducir sus costos.
- Ofrecer servicios alternos que los beneficien.
- Considerarlos como los socios, acercándose más a ellos.
- Hacerles la vida fácil.
- Reducir desperdicios.
- Buscar más aplicaciones a sus productos.
- Analizar qué tipo de problemas enfrentan con la aplicación de sus productos.
- Preguntarse si constantemente les agrega valor.
- Ayudarles a ahorrar tiempo.
- Hacer que sus ventas mejoren.

El caso de Hilasal en México es un ejemplo de creación de valor que se transformó en una estrategia de creación de demanda, que les permitió superar la competencia contra los chinos.

> **La fórmula es vender servicio, y no sólo producto**

La empresa Hilasal, el mayor fabricante de toallas en México, entendió que competir por los precios con China, líder mundial en manufactura, no sería sustentable a largo plazo, menos aún en un mercado de bienes de consumo como el de toallas de hotel y de cocina, donde los márgenes son mínimos y la competencia en precios es feroz. A partir de 2005, con la apertura que dio el mercado estadounidense a los textiles asiáticos, llegó una ola de productos de bajo costo que rápidamente se comieron el mercado de exportación que tenía Hilasal. Las ventas de Hilasal en 2002 cayeron un 8.6% y las exportaciones un 24.3%. Ante este panorama, la pregunta de Hilasal era: ¿cómo agregamos valor? La fórmula fue vender servicio, no sólo producto. El valor para generar demanda no fue ya únicamente vender toallas, sino entregar los pedidos en menos tiempo para resolver los problemas de inventario a nuestros clientes de México y EUA. En 48 horas los pedidos tenían que estar surtidos. Comenzaron a estudiar a sus clientes y comprendieron que el problema de los grandes almacenes y las grandes tiendas había cambiado. Para los grandes almacenes, altas reservas representaban mucho dinero congelado y, por ende, un costo financiero. Sus clientes como Wal-Mart o Casa Ley, JC Penny o Marshall's en Estados Unidos preferían asegurar la cadena de abastecimiento que el ahorro en precio que les ofrecían los chinos. Al entender que para sus clientes la eficiencia es su prioridad, el precio pasó

> Si usted no se acerca a sus clientes alguien lo estará haciendo y se quedará con el mercado

a segundo plano. De esta forma, resolvieron un problema económico a sus clientes que los chinos no pudieron cumplir por las distancias.

La estrategia de "Just in Time", sin costo de inventario, tiene más poder que los bajos precios en los bienes de consumo.

Este modelo estratégico les permitió recupera su mercado y comenzar a crecer nuevamente. Éste es uno de los grandes ejemplos de creación de demanda, producto del conocimiento de las necesidades de sus clientes. Este conocimiento le permitirá disminuir la fuerza de los precios bajos del mercado.

Reflexione: ¿pudiera ser que una de las diferencias de su negocio ante la guerra de precios fuese un nivel de servicio que permitiera a sus clientes ahorrar costos de inventario? Si su empresa está en este esquema, tome en cuenta este modelo estratégico.

Comprender a sus clientes resuelve muchos problemas en su relación comercial. Debe ver a sus clientes con el objetivo de solucionar sus problemas, como Hilasal. Si verdaderamente le interesa este modelo estratégico, le sugiero que analice la genialidad con que la compañía Virgin Group diseña servicios y productos para satisfacer de muchas formas a sus clientes. La mente creadora de Richard Branson es un ejemplo a seguir, si usted quiere que sus clientes mantengan la preferencia por sus productos.

Toda empresa que haya influido en los cambios de hábitos de los consumidores es un ejemplo de este modelo de creación de demanda: Domino's Pizza, Starbucks, McDonald's, Kodak, Nextel, Federal Express, Zara. Todos ellos construyeron su éxito resolviendo problemas específicos en sus clientes que nunca antes los habían resuelto alguien en el mercado. Los clientes tienen preferencias y les atrae comprar en estos negocios.

Recuerde, si usted no se acerca a sus clientes alguien lo estará haciendo y se quedarán con el mercado.

# Estrategia núm. 10

# Redefinición del concepto de negocio

EN ESTA ESTRATEGIA:

- Verá cómo exitosos negocios han crecido enormemente haciendo lo mismo, pero en forma diferente, sin tener que hacer cambios en sus productos.
- Encontrará la fuerza que tiene pensar diferente haciendo lo mismo con su negocio.
- Aprenderá que los factores intangibles de un producto o de un negocio son la clave para crecer en mercados altamente saturados.
- Podrá tomar por sorpresa al mercado, logrando aprovechar una ventaja competitiva que le permitirá ser distinto.
- Identificará las enormes oportunidades que se abrirán, cuando usted piense diferente acerca de su negocio o de sus productos.
- Descubrirá que los consumidores son atraídos por factores intangibles que despiertan su sensibilidad hacia su negocio.
- La redefinición del concepto de su negocio le permitirá ver muchas oportunidades que antes no había visto.

El concepto de negocio es la esencia misma del negocio. Determina dónde pondrá su esfuerzo, su dinero y dónde jugará todas sus cartas para el futuro de su negocio. Un error en esa definición lo puede llevar al suicidio o a un retroceso, que le costará mucho dinero y esfuerzo retomar. Tal fue el caso de Disney de Chairman, que en la década de 2000 decidió definirse como una empresa que estaba en el negocio de los parques de diversiones. Con esa idea en mente comenzó a construir en Los Ángeles, California, su primer parque de entretenimientos con muchos juegos de diversión, distinto del tradicional de Disney. La sorpresa fue que al definir su negocio como un parque de diversión, se enfrentó con un nuevo competidor: Six Flags. ¿Quién es este nuevo competidor de Disney? Es la cadena más grande del mundo en parques de diversiones, con 21 parques

> **El concepto de negocio, es la esencia misma del negocio**

en Estados Unidos y con parques en España, Francia y México. Visitados por más de 24 millones de personas al año y con más de 33 000 empleados, cuenta con ingresos de 945 millones de dólares al año. Al redefinir su concepto de "parque de diversiones", se enfrentaron con un gran peleador de peso completo contra el cual no pudieron, logrando únicamente perder dinero. En 2002 la crisis le costó el puesto al chairman en turno, siendo sustituido por Josh Humenivk. Ante tal fracaso decidieron regresar a sus orígenes, definiéndose como una empresa de personajes. Sus parques están diseñados con base en ellos y sus películas también. Con esa concepción que los devolvió a su origen, crearon una asociación con Pixair para hacer películas digitalizadas con mucho éxito. Últimamente la exitosa producción de "El Pirata del Caribe" recaudó 410 millones de dólares en los primeros 6 días de estreno. Todo un récord.

Las empresas pueden definirse de muchas formas y cada una de ellas las llevará por varios y distintos caminos. Por ejemplo, Bimbo podría definirse como un negocio de pan, un negocio de distribución o un negocio de la salud, o todos juntos a la vez. Si una compañía de aviación se define como una empresa de carga, tendrá un negocio como DHL, Fedex o UPS. Si se define como una empresa de transporte transatlántico, se verá como una empresa del tipo Virgin Atlantic. Ford o GM se pueden definir como una empresa automotriz, pero también como una empresa financiera. Curiosamente en ambas empresas es donde sus acciones han subido y no en la automotriz.

General Electric se puede definir como una empresa industrial que construye turbinas, o como un negocio de servicios financieros que facilita con créditos a sus clientes. Empresas como DHL, Fedex y UPS son compañías de paquetería. Aunque se han definido en los últimos años como empresas de servicios integradas de logística, DHL es hoy la empresa distribuidora más grande de teléfonos en el mundo, y UPS es la empresa que se encarga de atender la solicitud de reparaciones de Hewlett Packard. En el futuro, estas empresas incursionarán en cualquier negocio que requiera logística de alta tecnología, ya que están integradas como empresas aduanales, transportadoras terrestres, aéreas y marítimas, y son facilitadoras comerciales y consultoras en este rubro. Se han transformado en verdaderos socios de los clientes "solucionadores en forma integral de sus necesidades de logística", facilitándoles el comercio con el mundo.

La empresa hotelera Hilton se puede definir como un negocio hotelero o como un negocio de producción de comida, dado que eso es lo que hacen para miles de personas en sus hoteles. Hoy están incursionando en el negocio de comida para aviones, donde hay también miles de comidas que servir.

Autofin es un negocio de agencias de automóviles con 100 sucursales. Pero al definirse como un negocio financiero les permitió diversificarse a camiones, casas, fraccionamientos, desarrollos turísticos y ello le llevó a abrir su Banco Autofin. Con ello podrán financiar cualquier otro negocio con el que deseen incursionar en el futuro. La redefinición de su negocio le permitió ver el mercado bajo otra perspectiva y abrir nuevas oportunidades que nunca podría haber visualizado, si hubiese continuado definiéndose como una agencia exclusiva de venta de automóviles. El definirse como un negocio que vende un producto en específico limita su visión estratégica. En suma, la estrategia de Autofin no la define como una vendedora de automóviles, sino como un negocio financiero donde se abre la perspectiva a innumerables oportunidades de nuevos negocios.

Seguramente Wal-Mart se hizo la misma pregunta: ¿en qué negocio estoy? Seguramente su primera definición fue "Negocio de logística", porque a eso se dedican. Pero en los últimos años, al ver el impresionante éxito mundial y la cantidad de gente que pueden atraer a sus tiendas (son el empleador más grande del planeta), se pudieron definir como un negocio financiero. Esto los llevó a constituir su nuevo Banco Wal-Mart.

El secreto para encontrar en qué negocio está radica en hacerse preguntas clave. Pregúntese:

- ¿En qué son expertos?
- ¿En qué son los mejores?
- ¿Cuál es su principal talento?
- ¿Qué saben hacer como nadie?

"El secreto está en lo que 'saben hacer' no en lo que hacen."

Si usted le pregunta a Liverpool cuál es su negocio, seguramente no lo describirá como una tienda departamental, aunque lo sea.

Tampoco Cinépolis o Cinemex le dirán que están en el negocio del cine, aunque pasen películas.

Elektra tampoco le dirá que está en el negocio de ventas de electrodomésticos y muebles para el hogar, aunque se los vendan, como tampoco las compañías de aviación de bajo costo le dirán que están en el negocio de aviación doméstica.

Menos aún Starbucks le dirá que está en el negocio del café, aunque en sus establecimientos se saboree un buen café.

> **Defina su empresa como un negocio en el que a la vez se ejecutan muchos negocios**

No se defina como lo que vende, porque perderá grandes oportunidades de negocio. Recuerde que la definición determina el nivel de amplitud de su visión estratégica de negocio.

En los años cincuenta a los ochenta, la gran época del crecimiento de los productos en todo el planeta, seguramente usted podía definir su negocio describiendo lo que hacía. Bacardi en aquella época seguramente le hubiera dicho: "Vendemos ron". Hoy ya no.

La definición de lo que usted o su producto hace en el mundo de la sobresaturación no lo diferencia, ya que todos hacen lo mismo y venden lo mismo.

Hoy, la definición del "Concepto de Negocio" es más poderosa que el producto que vende. Los productos se han convertido en el medio no el fin.

No olvide la histórica definición de IBM, "estamos en el negocio de las computadoras", y eso los llevaba a construir las computadoras más poderosas de la Tierra. El mundo cambió cuando el joven Steve Jobs redefinió el concepto "Computadora para las personas". El mercado se multiplicó por millones cuando Jobs cambió la definición del "Concepto de Negocio" de las computadoras. El mundo cambió para siempre a partir de ese momento.

Usted también puede cambiar el mundo para siempre si redefine el "Concepto de Negocio". Y si logra hacerlo bien podrá revolucionar su negocio y cambiar radicalmente la vida de su empresa, que hoy se encuentra presa de la guerra frontal de precios de muchos competidores de todas las partes del mundo, principalmente de los asiáticos.

> **No se defina como lo que vende, sino como lo que proyecta**

Quisiera reproducirle un fragmento de la entrevista realizada por *Wall Street Journal* a Steve Jobs, presidente ejecutivo de Apple Inc.

"Últimamente han llamado mucho la atención sus productos electrónicos para el consumidor, iPod y el iPhone". Steve Jobs contestó: "Estamos en tres negocios y a punto de agregar un cuarto negocio. Nuestro primer negocio son las computadoras Mac. El segundo negocio en, que nos encontramos es la música. Estos dos negocios generan 10000 millones de dólares al año. El

tercer negocio en que nos encontramos es el de los teléfonos. Apple TV será nuestro próximo negocio a incursionar".

El entrevistador de Wall Street le preguntó: "¿Cuánto tiempo llevará a los competidores copiar su equipo?" y Steve Jobs respondió: "Las empresas japonesas son fabricantes principalmente de Hardware para productos de consumo, y nosotros somos buenos productores de software. Nuestro iPod es un software con un hermoso hardware. Igualar nuestra ventaja competitiva les llevará mucho tiempo, ya que nuestro software tiene cinco años de avance por encima de cualquier otro".

No dude usted que el próximo producto de Jobs será ampliar el concepto de su celular iPhone, para incursionar en la futura computadora móvil, ya que existen en el mundo 3000 millones de teléfonos celulares que hoy fungen como tiendas de música y cámaras. El reto es transformarlas en las verdaderas computadoras portátiles del futuro.

Si usted puede incursionar en un nuevo concepto de negocio, su ventaja competitiva será sustancialmente distinta. Ello le proporcionará suficiente tiempo para beneficiarse de las mieles de su nueva dimensión de negocio y hacer mucho dinero en ello.

Estrategia núm. 11

# Guerra de guerrillas

EN ESTA ESTRATEGIA:

- Encontrará una nueva forma de atender a su mercado potencial.
- Implementará un nuevo sistema para acercarse a sus clientes.
- Creará una burbuja de protección para sus clientes al utilizar la estrategia de "Guerra de Guerrillas".
- Tendrá una ventaja competitiva sustentada en la velocidad y en el acercamiento con sus clientes.
- Verá que la estrategia "Guerra de Guerrillas" le permitirá consolidarse en una ciudad, paso por paso, o una zona, colonia por colonia.
- Identificará que este modelo estratégico puede consolidar su imagen de marca.
- Podrá vender a un mercado que jamás se acercaría a usted, si no fuera por esta estrategia.
- Crecerá de acuerdo a sus posibilidades y conforme su potencial de inversión, consolidándose zona por zona, en un avance progresivo.
- Podrá crecer de una forma más segura, estable y consistente en cuanto comprenda el modelo estratégico.
- Sabrá cómo proteger a sus clientes de sus competidores y cómo atraer a los clientes de sus competidores actuales.

Algunas empresas han optado por aplicar esta estrategia, que en mercados altamente saturado ofrecen una oportunidad de crecimiento significativo. Al igual que el ejército israelita se caracteriza por ser uno de los mejores ejércitos del mundo gracias a que ha aplicado la técnica de revisión por zona, las empresas de ventas de productos de consumo también han aplicado este modelo.

# Guerra de guerrillas

(Estrategia del cerco)

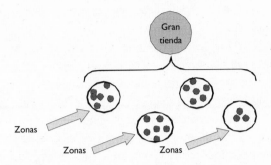

Empresas como Office Depot no sólo tienen grandes tiendas, sino también poco a poco han emigrado a tiendas en diversas colonias con la modalidad de Office Depot Express, para atender directamente al cliente de la zona.

Wal-Mart planea abrir pequeños supermercados para consolidar zonas lejanas de sus grandes tiendas.

Starbucks, de Grupo Alsea, ha abierto más de 100 cafeterías para cercar lo más posible el desarrollo de nuevos competidores. Nadie podrá evitar que lleguen a 400 en 5 años. De esa forma dejan poco espacio para nuevos competidores.

> Avance por zona, dejando poco espacio para nuevos competidores

Liverpool ha planteado la posibilidad de abrir tiendas de menor tamaño, para atender otras zonas de influencia.

Las agencias automotrices han aplicado este modelo al abrir sólo salas de exhibición que son más económicas, centrando el área de servicio en grandes talleres.

Domino's Pizzas tiene el mismo modelo de saturación de zonas para atender rápidamente a sus clientes.

Este modelo Estratégico de Guerrilla Zonal elimina el tradicional modelo de Crecimiento Incremental que tenían antes los negocios. Cuando mi abuelo Marcelino hizo crecer su tienda en su pueblo natal cercano a la ciudad de Milán, Italia, lo primero que hizo fue comprar el terreno vecino

> **Tiene que ir por ellos, no espere a que vengan a su negocio**

para expandirse. Luego construyó un segundo piso de la tienda, ya que tenía muchos clientes y así creció. En esa época el crecimiento era incremental.

Uno se expandía hacia arriba y hacia los costados, lo cual era el símbolo de éxito. Hoy el nombre del juego es estar cerca del cliente sin necesidad de grandes instalaciones.

El secreto no es que usted mejore sólo sus instalaciones para que los clientes vengan. Hoy usted tiene que estar donde ellos viven. Tiene que ir por ellos, no esperar a que vengan a su negocio, aunque tenga tradición y fama. Varios emprendedores han revolucionado el negocio de estética y baño para mascotas, creando SPA's para mascotas a domicilio. Estos emprendedores han entendido la importancia de acercarse a sus clientes. Muchos empresarios deberían de aprender de este modelo: si los perros tienen el poder para justificar un negocio que se acerque a ellos, no comprendo cómo no se ha hecho la misma estrategia para los humanos.

Los comercios por zonas, como Office Depot Express, han creado también áreas de atención empresarial a través de vendedores directos, atendiendo las necesidades con pedidos de volumen para oficinas y empresas, reforzando la venta por zona de la tienda.

El crecimiento zonal también ha sido muy bien manejado por tiendas Oxxo en los últimos 10 años, abriendo más de 600 tiendas.

Las cafeterías Punta del Cielo ya cuentan con 42 sucursales, pero también venden su café a restaurantes en aviones, comercios y hoteles establecidos para que vendan un buen café a sus clientes. Es una aplicación creativa del modelo de saturación de zona, complementada con venta directa a canales establecidos.

Las tiendas de ventas de electrónica Steren han hecho un extraordinario trabajo de zonificación con sus más de 250 franquicias.

Este modelo de guerrilla zonal no sólo es útil en las colonias de clase media, sino que ha dado incluso mejores resultados en los suburbios de las ciudades, donde los grandes establecimientos quedan muy retirados.

Lo que no me explico es por qué no han aplicado este modelo al negocio de donas Crispy Cream: tienen muy buen producto, pero entraron en un giro poco atendido. Si yo fuera su asesor, no dudaría en aconsejarles que avanzaran con mayor rapidez, saturando lo más rápido posible el mercado. Últimamente han realizado acciones más agresivas, pero muy lejos de la oportunidad que tienen. Contrariamente, lo que están haciendo es abrir los ojos a otro emprendedor, que observará que sí hay mercado en ese nicho.

Las cadenas de farmacias que entendieron este modelo están saturando cada día más zona por zona, manzana por manzana, bajo una estructura muy económica que consta de dos o tres empleados.

Si usted verdaderamente quiere hacer crecer su negocio, piense en las zonas suburbanas donde encontrará muchos clientes muy mal atendidos y tiendas muy mal surtidas, con muy mala apariencia. Recuerde que este segmento de zonas suburbanas tiene las mismas necesidades y las mismas expectativas que cualquier persona de clase media.

No por casualidad uno de los restaurantes de mayor venta de McDonald's se encuentra en Ciudad Nezahualcóyotl. Observe también el éxito de Oxxo en esas mismas zonas.

La industria de restaurantes lo ha entendido, y varios ya son cadenas con varias especialidades. Con ello también cierran la posibilidad de nuevos competidores.

Las franquicias han sido una gran oportunidad para poder atender más zonas y más regiones del país, en menos tiempo y con menos recursos. Aunque muchos franquiciatarios se quejan con la franquicia maestra, porque permite abrir otros comercios o restaurantes en su plaza, pocos toman en cuenta que si su marca no satura la zona, lo hará otro competidor. Entonces perderá la fuerza de la imagen de su marca al estar la plaza bien cubierta.

Piense usted también en crear unidades de negocio pequeñas, que puedan atender zonas y facilitar al cliente la disponibilidad de sus productos. Este tipo de estrategia de pequeños negocios con imagen de marca les permite tener mayor rentabilidad por producto, dado que se vende con más margen. El costo de oportunidad es aceptado por los clientes en sus compras de paso y puede vender con mayor precio.

## Estrategia núm. 12

# Productos cautivos

EN ESTA ESTRATEGIA:

- Entenderá la importancia de tener productos que mantengan a sus clientes en forma cautiva por largo tiempo.
- Identificará que el producto es un generador de ingresos consistentes por mucho tiempo, si mantiene al cliente cautivo.
- Verá que si aplica la estrategia de productos cautivos, podrá tener más estabilidad en su negocio.
- Sabrá que la rotación de su cartera de clientes será menor si aplica este modelo estratégico.
- Identificará nuevos productos que nunca había considerado en su tipo de negocio.
- Podrá modificar la imagen de servicio y acercamiento que tiene actualmente su cliente de su empresa.
- Identificará cómo el área de servicio puede ser el generador más grande de sus utilidades si cambia su forma de definirlo.
- Verá que la estrategia de productos cautivos le permitirá hacer crecer su cartera en forma consistente, si comprende en forma diferente las necesidades de sus clientes actuales y futuros.

Por años, hemos visto en empresas de alta tecnología aplicar estrategias de productos que mantienen cautivo al cliente. No bien usted compra el producto, ya ha quedado cautivo. Por ejemplo, las compañías que fabrican elevadores para edificios son un ejemplo de empresas que mantienen a sus clientes cautivos por el resto de su vida con el mantenimiento preventivo del equipo.

Los fabricantes de aviones han entendido muy bien el negocio, a tal punto que rentan los aviones a las compañías aéreas, pero los tienen cautivos con el mantenimiento.

La compañía Gillette constantemente está lanzando nuevos rastrillos más caros que el anterior. El gran dinero lo hacen de la venta de las hojas de afeitar.

Productos base

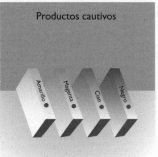
Productos cautivos

Las fotocopiadoras tienen su negocio en los consumibles y en su mantenimiento.

Las empresas litográficas tienen a sus clientes cautivos con los repuestos y las tintas.

El negocio de los vendedores de armas en todo el mundo son las guerras, pero en el fondo su negocio son las balas, no los rifles. Incluso, muchos de ellos venden cargamentos con rifles a muy bajo precio, porque saben que luego necesitarán las balas.

Las compañías telefónicas tardaron muchísimos años en entender que pueden regalar el equipo, con tal de que el usuario consuma dinero en llamadas telefónicas. Les tomó muchos años comprender el verdadero negocio del producto cautivo que tuvieron por tantos años en sus manos.

Las empresas de software mantienen cautivo al cliente ofreciéndole las actualizaciones y mejoras del mismo.

La actualización de Windows es muy evidente: año tras año diseña una nueva versión para el mundo.

> **Busque productos con los cuales pueda mantener cautivo a su cliente**

Es necesario que usted incorpore en su catálogo de productos aquellos cuya dependencia sea clara con su cliente, pues esto le permitirá tener ventas repetitivas al mismo cliente por mucho tiempo.

Los mejores productos que le ayudarán a consolidar su negocio son aquellos que tienen la particularidad de ser masivos (para que su mercado sea lo más extenso posible) y consumibles (para que el cliente los use, los consuma y necesite más de usted). Una prueba de ello son las empresas telefónicas celulares como Telcel o Telmex, que tienen cautivo a todo el país en cada llamada. Como también lo es una simple caja de Kleenex.

Estrategia núm. 13

# Diferenciarse o morir

EN ESTA ESTRATEGIA:

- Verá la importancia que tiene diferenciarse para su sobrevivencia y éxito en los negocios.
- Identificará que la falta de diferenciación terminará por aniquilar sus utilidades, ya que tendrá que vender a bajo precio.
- Sabrá qué significa diferenciar su producto y el impacto que tiene en sus ventas.
- Conocerá qué significa diferenciarse en costos y el impacto en sus utilidades.
- Identificará algunos ejemplos de diferenciadores en el mercado.
- Podrá idear diferenciadores en sus productos y en su estructura como empresa.
- Recibirá consejos de cómo aplicar el diferenciador en sus productos y en sus costos.
- Podrá aplicar cualquiera de los dos diferenciadores de acuerdo con el modelo estratégico que seleccione.
- Comprenderá que muchos factores intangibles son la clave del crecimiento de toda empresa, en un mercado altamente saturado de productos similares.

En el mundo de la sobresaturación, el dilema es cómo diferenciarse entre el increíble aumento de ofertas de productos en todos los sectores. Hoy, en el mundo, todos competimos con todos durante las 24 horas diarias y los 365 días del año. Si usted ignora la importancia de hacer una nueva oferta llamativa que signifique en la mente del cliente algo único y distinto, terminará haciendo un producto insípido y una estrategia sin personalidad, con la cual nadie se identificará. Para diferenciarse en un mar de productos, es necesario tener una propuesta única que llame la atención.

El autor Mikel Porter, de la Universidad de Harvard, identifica dos tipos de formas de diferenciación en el mercado:
- *Líder diferenciador en el producto.*
- *Líder diferenciador en costos.*

## Líder diferenciador en el producto

Este modelo lo vemos aplicado en empresas como Gillette, que no escatima en sacar una Trac II, luego la Trac III, luego el Sensor Trac III y el nuevo Vibrator, y así, continuarán imponiendo una carrera diferenciadora. Muchas empresas señalan su diferenciador creando un eslogan que los identifique, como los autos BMW, cuyo eslogan es: "Lo último en el manejo de una máquina", logrando verdaderamente ese diferenciador en todos los autos que diseñan.

Honda también se caracteriza como la empresa especialista en motores; eso los posiciona como la empresa en la que usted siempre encontrará los últimos adelantos en motores. Ellos fueron los primeros en incluir el convertidor catalítico dentro de un motor y los pioneros de los actuales autos híbridos ecológicos. Así continuarán su diferenciación mientras existan.

También empresas como Volvo se diferenciaron como especialistas en seguridad en el nicho automotriz con buen éxito.

Procter continuará creando sabores distintos en su pasta de dientes, siendo hoy su sabor el mayor secreto protegido. Es lo que más cuidan, como la Coca-Cola guarda secretamente su jarabe.

Los consumidores esperan que Procter continúe perfeccionando su producto como su diferenciador distintivo.

> **Para diferenciarse en un mar de productos, es necesario tener una propuesta única**

Exponentes claros de este tipo de líderes de productos han sido sin lugar a dudas un iPod, un iPhone, un Google un iTune.

El hotel Marina y El Cid en Cancún no sólo tienen unas extraordinarias instalaciones All Incluso, sino que usted dispone en su cuarto de un folleto encima de la cama denominado "Menú de Almohadas". Le ofrecen 6 tipos diferentes para su comodidad: almohada para bebés, almohada para niños, almohada extra suave plus, almohada ortopédica, almohada de memoria, y almohada aromática. Esta diferenciación quizás no lo haga el hotel más famoso de Cancún, pero es un esfuerzo adicional que hacen para diferenciar aún más el confort durante su estancia en ese hotel, principalmente para turistas como yo, que soy fanático de las almohadas.

Muchas empresas lamentablemente se quedan en el camino, disfrutando las mieles del producto diseñado por años, pensando que no los copiarán, o que sus marcas son muy poderosas y bien posicionadas. Pero su resistencia será inútil terminarán siendo arrasados en el tiempo, ya que los competidores también desean cautivar a sus clientes. El secreto de la diferenciación es ser diferente. Necesita ser único en su clase y para ello debe actualizar dicha distinción.

La miopía de algunos empresarios consiste en continuar pensando que el servicio es el único valor que diferencia a su producto. Lo cierto es que el servicio tiene también la particularidad de que puede ser copiado con gran facilidad, así como lo es el producto. Sólo que su competidor sea muy tonto, no hará un esfuerzo por igualarlo y mejorarlo. Esto lo obliga a usted a perfeccionar cada día más su servicio.

Para tener éxito como líder diferenciador de producto es necesario que realice los siguientes cambios:

- Buscar nuevas fuentes de negocio.
- Identificar nuevos tipos de clientes.
- Innovar siempre.
- Crear valor para los clientes.
- Ser un experto en la comprensión de sus clientes.

## Lider diferenciador en costos

Las empresas líderes en costos se diferencian en proporcionar un precio inferior, gracias a que su estructura de organización está diseñada específicamente para ofrecer un producto más barato. Todas las compañías aéreas de bajo costo forman parte de este segmento.

Un banco como IXE dice en su publicidad: "Es lo mismo pero diferente", ya que su banco está diseñado para tener costos muy bajos. Sus transacciones son electrónicas y no necesitan sucursales con largas filas para hacer un depósito o retirar dinero.

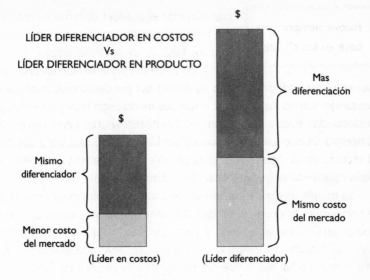

LÍDER DIFERENCIADOR EN COSTOS
Vs
LÍDER DIFERENCIADOR EN PRODUCTO

$

Mismo
diferenciador

Menor costo
del mercado

(Líder en costos)

$

Mas
diferenciación

Mismo costo
del mercado

(Líder diferenciador)

Dell es otra organización centrada en la diferenciación, al quitar la cadena de distribución que no agrega valor sino costos.

Wal-Mart es quizás una de las empresas más representativas del liderazgo en costos, entrenando a sus compradores en esquemas mercadológicos y financieros.

Lo mismo sucede con los hoteles Hampton INN de la cadena Hilton, hoteles de bajo costo con todas las comodidades, que además tienen sistemas de puntos y millas aéreas con los miembros del programa Honor.

> Su diseño de negocio debe ser compatible con su estrategia comercial

Casas ARA compró tecnología alemana para construir casas en serie. Esto le permite construir con menos infraestructura, menos empleados, sin necesidad de resanar las paredes, pintar directamente, etc. Con esta nueva tecnología, ARA podrá construir sus más de 20 000 casas al año con costos inferiores.

Pregúntese si su empresa está centrada en este modelo de costos y pregúntese si tiene una estructura para ello, o si sólo baja los precios para ganar mercado, arriesgando sus utilidades.

No confunda "guerra de precios" con "guerra de modelos de negocio", centrada en costos, con una estructura que le permitirá servir a sus clientes con precios bajos y márgenes razonables.

Big Cola, por ejemplo, nunca osaría competir contra los negocios de Cola en el mercado: teniendo costos similares sería un verdadero suicidio, por no decir una verdadera ingenuidad.

Al diseñar su estrategia comercial, también debe diseñar la estrategia de negocio que debe soportar dicho modelo. Es decir, debe tener un diseño de negocio alineado con la estrategia que quiere implementar. Si usted se encuentra agobiado por la guerra de precios, es porque su estrategia comercial no es compatible con el modelo de negocio que tiene diseñado para ese tipo de mercado. Probablemente su mercado se agotó y ya no deja los mismos márgenes que antes; sin embargo, usted continúa con el mismo modelo de negocio en un mercado desgastado.

Para tener éxito en el liderazgo de bajo costo es necesario realizar los siguientes cambios en su empresa:

- Reestructuración financiera
- Reducción de personal
- Cambio en la cadena de suministro
- Incorporación de nuevas tecnologías
- Creación de una cultura de costos en todo el personal

Para identificar si la estrategia apropiada será de costos o de diferenciación en producto, es necesario que identifique las "Prioridades" de sus clientes. Deberá preguntarse: ¿es el Producto?, ¿es la funcionalidad?, ¿es el servicio?, ¿es la disponibilidad?, ¿son soluciones alternas?, ¿es el precio?, ¿es el ahorro?, ¿son las entregas más rápidas las prioridades que desean mis clientes?

> **Debe identificar las prioridades de sus clientes**

Para identificar los diferenciadores es necesario que también haga las siguientes preguntas:

¿Qué prioridad es la que satisface a mis clientes?

¿Qué podemos ofrecer mejor que otros en el mercado?

¿Qué podemos ofrecer a menor costo?

¿Cuál es el precio máximo que pagarían?

¿Qué combinación de las prioridades enunciadas podemos ofrecer que proporcione el mayor diferenciador?

Cualquiera que sea su elección de líder en costos o líder diferenciador en producto, debe tener la capacidad técnica para sustentar su diferenciación. También debe saber comunicar eficientemente el diferenciador. Si usted tiene el mejor producto del mercado y nadie lo sabe, los pedidos no llegarán. Los mejores productos no conquistan el mercado, sino sólo los mejor identificados. Toda comunicación con sus clientes debe enfatizar agresivamente la diferencia que usted ofrece.

Recuerde que nunca es suficiente la comunicación de su diferenciador: debe estar presente en cada oportunidad para que el cliente lo vea, lo lea o lo escuche.

Un diferenciador bien comunicado debe ser un motivador de compra para el cliente. Debe levantar al cliente de la silla, debe ser la opción de compra en el momento de la elección. Si desea profundizar al respecto, lo invito a que lea el libro *Made to Stick* editado por Random House. El libro dice que las ideas que más llaman la atención son aquellas que tienen un mensaje sólido. Son inesperadas, son concretas, creíbles, emocionales y tienen una historia que contar. Un ejemplo de comunicación eficiente en un diferenciador fue el anuncio publicitario de una persona que perdió 90 kilos de peso comiendo sándwiches de Subway. Su objetivo era comunicar un mensaje de salud, bastante inverosímil para un producto de comida rápida. Pero fue un mensaje que incluía todos los componentes necesarios para llamar la atención y crear una historia de éxito. La simplicidad al comunicar es la clave, comentan los autores Dan Health & Chip Health.

Pero toda su empresa debe estar comprometida con el diferenciador que desea comunicar. No sólo el valor agregado o el precio atractivo deberán comunicar, sino también su área de ventas, distribución, servicio, ingeniería, atención a clientes, compras, marketing y publicidad; en general, toda su empresa deberá ser la imagen de lo que promueve.

> Los mejores productos no conquistan el mercado, sino sólo los mejores identificados

Lo invito a que reflexione y seleccione la estrategia correcta para su mercado, ya que la ambigüedad no le permitirá crecer. La focalización buscando ser el mejor en uno de los dos será su salvación en un mercado saturado. Necesita saber en qué se va a diferenciar o perderá la guerra, ya que sus clientes no lo distinguirán ni lo ubicarán como el especialista en un mar de productos.

# Reingeniería en la distribución

**EN ESTA ESTRATEGIA:**

- Sabrá que la estrategia de distribución tradicional está llegando a su fin en un mundo altamente competido.
- Conocerá qué acciones toman las organizaciones que venden a través del modelo estratégico de distribución.
- Identificará la importancia que tiene la reducción de costos en la estrategia de distribución.
- Recibirá ejemplos de empresas que nos muestran la clave para tener éxito a través de canales de distribución.
- Comprenderá que todo canal de distribución que no agregue valor está destinado a desaparecer.
- Identificará que la tecnología es una pieza clave para triunfar en un mercado de distribución masivo.
- Visualizará varias estrategias que podrá aplicar de inmediato en su empresa.

Una estrategia que ha comprobado tener mucho éxito en el mercado saturado ha sido aquella que ha rediseñado su cadena de valor.

Empresas como Dell Computer son un ejemplo muy claro de que es viable que una planta pueda surtir directamente al consumidor. La tecnología de que disponemos hoy en día permite este tipo de retos.

El objetivo de Dell fue lograr un ahorro en la distribución directa y transferirlo al cliente. Su fundador Mikell Dell dice:

"La atención directa se ha transformado en la esencia de nuestra compañía y en la única herramienta de nuestro crecimiento. Jamás venderemos a través de una red de distribución. Hemos comprendido que necesitamos buenos ciclos de tiempo para crear una sólida cultura de costos. Logramos reducir de 35 días de inventario a 4 días, lo que nos ha permitido construir una computadora cada 30 minutos".

Su eslogan publicitario ha sido: "Producimos una computadora para usted". La distribución directa permite aumentar la rotación de inventario, generando una utilidad mayor.

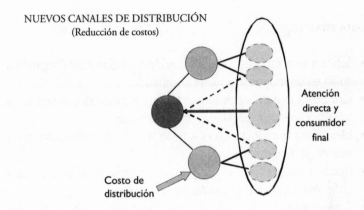

NUEVOS CANALES DE DISTRIBUCIÓN
(Reducción de costos)

Atención directa y consumidor final

Costo de distribución

McDonald's comenzó a abrir directamente sus restaurantes en los últimos 8 años, con el fin de reducir costos de sus intermediarios.

Cemex está atendiendo directamente al usuario mediante las tiendas Construrama.

General Motors decidió hace más de 10 años producir el automóvil Saturn y venderlo directamente con distribuidoras propias con gran éxito.

Por años, las industrias cementeras y llanteras se dieron cuenta de que sus distribuidores mayoristas hacían menos dinero por cada venta que sus revendedores. La razón principal es que el revendedor controla la venta, está frente al cliente y puede resolver los problemas de ellos. Por muchos años los grandes distribuidores de cemento ganaban una venta, sólo porque no cobraban el flete de envío a su revendedor. El crecimiento de los revendedores minoristas fue de tal tamaño, que muchos tenían mejores ingresos que los grandes mayoristas. En el caso del negocio llantero, algunos se transformaron en importadores directos de llantas especiales, compitiendo con sus mayoristas. El negocio de intermediarismo cada día está perdiendo su carrera gracias a la saturación de competidores de bajo costo y a la tecnología que permite comprar y vender en línea con costos más bajos, más rápidos y más eficientes.

> **Diseñe nuevos canales de ventas**

No sería extraño que las plantas armadoras de autos en el futuro comenzaran a vender directamente a ciertos mercados, compensando las débiles utilidades de un modelo de distribución que pertenece a otra era. Hasta las agencias han optado por estrategias muy tímidas, creando salas de exhibición que verdaderamente no están produciendo los resultados esperados. En mi opinión, están aplicando la estrategia de Guerra de guerrillas en un tipo de negocio que no genera un diferenciador atractivo para los clientes. El principio no es que los clientes dejen de comprar porque la agencia está lejos de su zona, sino por otras razones económicas. Aún no han podido desarraigarse del paradigma de las tradicionales agencias, y esto les impide diseñar un canal de distribución que revolucione el sistema de venta automotriz de fondo.

Tampoco se extrañe que los supermercados sean un mejor canal de venta de carros que las mismas agencias tradicionales, ya que son visitados por miles de personas cada fin de semana, muchos más que los que visitan sus agencias durante un año o dos.

La empresa Tata Motors de la India, a la que no le ha sido autorizada aún su entrada al mercado de México para la venta de su nuevo automóvil marca Nano, abrirá sus propias agencias distribuidoras para mantener su estrategia de bajos costos. Así también lo hará Elektra, cuando Grupo Salinas comience la venta de sus carros económicos de China.

> **Utilice los menos intermediarios posibles**

Con este modelo de eliminación de intermediarios podremos ver en el futuro laboratorios médicos con sus propios canales de distribución, siendo ya independientes de distribuidores mayoristas que son un costo adicional para la farmacia y el cliente.

También podremos ver algunos mayoristas con su propia red de farmacias.

Ya algunas, como las del Dr. Simi e incluso Wal-Mart, están iniciando este proceso de producción y venta directa en genéricos.

Las empresas de licores son candidatas potenciales para incorporar también un sistema de distribución directa a bajo costo para ciertos segmentos del país, un costo menor que a través de su red de distribución.

Mexicana de Aviación y todas las compañías aéreas de bajo costo han creado su canal directo de ventas de boletos y paquetes turísticos, reduciendo gastos en la intermediación con las agencias de viaje.

Empresas tradicionales de aviación, como Mexicana y Aeroméxico, se han visto obligadas a reestructurar sus costos de operación para hacer frente a nuevas competidoras de bajo costo a precios reducidos. Varig de Brasil no pudo reaccionar a tiempo y se fue a la quiebra.

Big Cola cambió radicalmente el sistema de distribución de refrescos, entregando a través de choferes dueños de sus camiones con un modelo de comisión por venta.

El grupo Alsea, que tiene la franquicia maestra de Dominós Pizza, Burger King, Popeyes Chicken, Chili's Grill Bar, Starbucks y muy pronto Italianni's, abre directamente sus tiendas y no utiliza el modelo de franquicias como en sus inicios.

De igual forma McDonald's, en junio de 2007, decidió controlar sus restaurantes directamente, vendiendo 1 600 que trabajaban en América Latina para la operadora argentina Arcos Dorados, la cual actualmente se posesiona como la franquicia maestra que controla los restaurantes que tenía McDonald's en los 18 países del continente. Es una forma de reducir costos de operación y controlar un solo franquiciatario responsable de la región. Así podrá utilizar 700 millones de dólares de la venta de los restaurantes en países más estables, como Rusia y China.

> **El nombre del juego es reducir costos**

El nombre del juego es reducir costos, para hacer llegar los productos en forma más competitiva y más rápida a sus clientes.

Piense también en cómo reducir sus tramos de distribución, o incluso en crear un nuevo canal de distribución distinto que le permita competir en un mundo de precios bajos y poco margen.

Este modelo estratégico le permitirá reducir su dependencia con respecto a distribuidores que no se caracterizan por ser leales a un solo producto.

# Estrategia núm. 15
# Networkmarketing

EN ESTA ESTRATEGIA:

- Comprenderá la importancia que tiene para su empresa y sus productos el diseño de venta a mercados masivos a través del networkmarketing.
- Identificará que empresas que nunca imaginaron triunfar en este tipo de negocio han encontrado la gran oportunidad de su vida.
- Conocerá que la nueva tendencia del mundo es el networkmarketing y la salud, con crecimientos inusitados.
- Podrá conocer alternativas para rediseñar su modelo comercial y llevarlo a un modelo de distribución de grandes masas.
- Comprobará que los grandes capitales se están construyendo a través de una comercialización masiva de productos de consumo personal.
- Identificará que el cambio de paradigmas de su negocio es la clave para poder identificar las oportunidades de esta nueva tendencia, que es la comercialización de productos de uso personal.
- Conocerá ejemplos de empresas que iniciaron con muy poco dinero, pero con una estrategia de comercialización masiva de productos masivos de uso repetitivo.

Este modelo estratégico de negocio seguramente es muy conocido por usted, ya que tiene casi cien años. Pero en los últimos 10 años ha tenido cambios y adaptaciones que han permitido crear enormes corporaciones. Empresas como Jafra, Fuller, Avon, Yanbal, Mary Kay y muchas más tienen ejércitos de vendedores en las calles. Fuller tiene más de 455 mil comisionistas que salen diariamente a vender. Avon 500 mil vendedoras. Según la Asociación Nacional de Ventas Directas, en México, 2 millones de personas diariamente salen a ofrecer cosméticos, fragancias, ropa, cremas, joyería y productos nutricionales.

Sin embargo, existe una gran oportunidad de crecimiento, ya que estas empresas sólo atienden el 36% del mercado total. El resto lo atienden tiendas departamentales.

Pero lo que debe usted observar es que otras empresas que no estaban incluidas en este tipo de segmentos están aplicando este modelo estratégico de venta directa, por ejemplo: industrias del calzado y lencería como Price Shoes, Andrea o Wander's. El modelo de venta por catálogo está motivando a todo fabricante de productos para uso personal.

Productos que por tradición se han vendido a través de tiendas han comprendido que el modelo pasivo de comercialización de abrir una tienda y esperar a que los clientes entren puede ser revolucionado por el modelo de venta directa.

Dentro de este modelo de venta directa están surgiendo dos tipos de negocios que están creando la oportunidad de hacer la fortuna más grande en la historia de los negocios. Estas dos tendencias son la salud y el networkmarketing. El negocio de la salud hace 15 años no era muy relevante, pero hoy se ha transformado en el mercado potencial de un trillón de dólares.

El negocio de venta directa o el modelo de negocio de networkmarketing se ha ido fortaleciendo con los años por dos razones: la evidente tendencia que tienen hoy las personas a trabajar en un negocio personal, administrado desde su casa, y la necesidad de tener un ingreso adicional sin desatender su vida personal.

La salud ha surgido como la oportunidad del gran negocio, ya que estamos en el siglo de la enfermedad del sobrepeso.

Hace algunos años ser rico y gordo era el anhelo de cualquier persona progresista. Los ricos se veían rozagantes porque podían alimentarse muy bien, mientras que los pobres lucían débiles y delgados. En el mundo industrializado en el que vivimos hoy en día es exactamente al revés. Hoy la obesidad es producto de una mala alimentación, de una vida sedentaria y niveles de colesterol elevados, artritis o presión arterial alta.

La mayoría de la gente está interesada por su salud y quiere cuidar de ella, lucir delgada. Este grupo de personas representa una nueva generación con un nivel socioeconómico con capacidad de invertir en sí mismos. Vea usted cómo frecuentan los club SPA, los masajes, cómo se realizan chequeos médicos, cuidan lo que comen, toman vitaminas, suplementos alimenticios naturales,

> **Insértese en la venta a mercados masivos**

antioxidantes y productos para bajar de peso. En definitiva está creciendo un segmento de mercado que se alimenta saludablemente y cuida su cuerpo. Este segmento consume en Estados Unidos 70 000 millones de dólares al año en vitaminas y productos alimenticios naturales. Hoy las personas gastan en su salud aunque no estén enfermos, sólo por prevención. Ahora la gente frecuenta todo tipo de centros para hacer ejercicio; basta con ver el crecimiento que han tenido Sport City y otros clubs para el cuidado físico. Éste es un segmento de mercado que está dispuesto a invertir.

Esta industria en el año 2000 era de 200 000 millones de dólares. Ocho años después, en 2008, es de 400 000 millones de dólares y en poco tiempo se convertirá en el negocio del nuevo trillón de dólares, como lo ha sido la industria de las medicinas y de la alimentación hasta el día de hoy.

Si desea profundizar al respecto le aconsejo leer el libro *The Next Millionaires*, de Paul Zane Pilzer.

Un ejemplo evidente de este tipo de negocio ha sido Omnilife, una empresa que en el año 2000 ya había vendido más de 8 000 millones de dólares con 25 millones de distribuidores en México, España, Colombia, Argentina, Venezuela, Guatemala, Perú, Costa Rica, Estados Unidos, Canadá, El Salvador, Bolivia, Ecuador, Panamá y ahora en China. Esta empresa tiene más de 60 productos para la salud. Es una empresa que inició en 1991 con sólo 10 mil dólares, tres distribuidores, tres empleados y un producto. No me parece que ésta sea una oportunidad de negocio que usted deje escapar, si tiene productos para el cuidado y uso personal.

Lo invito a que piense si su negocio tiene posibilidad de incursionar en esta gran combinación de venta directa, salud, cosméticos, lencería, zapatos y el producto que usted quiera incorporar a partir de hoy.

# Estrategia núm. 16

# Crecimiento vertical

EN ESTA ESTRATEGIA:

- Verá cómo el mundo saturado está cambiando el modelo de marketing tradicional de venta a los clientes cautivos de su empresa.
- Identificará que los paradigmas tradicionales de vender a la mayor cantidad de clientes posibles en un mercado saturado de productos y competidores requiere un cambio en su modelo estratégico.
- Conocerá los métodos para consolidarse con su cliente e incrementar ventas sin un costo adicional de marketing.
- Podrá aplicar la estrategia de comercialización vertical para proteger a sus clientes de la masificación de competidores en el mercado.
- Recibirá varios ejemplos de empresas que están aplicando dicho modelo con gran éxito.
- Tomará conciencia de que el nuevo modelo exige una tecnificación de su estrategia actual con su cartera de clientes.
- Identificará que el mantenimiento de clientes es una tarea fundamental en el mercado de la competencia masiva.
- Podrá modificar su modelo estratégico actual hacia un marketing individualizado.
- Conocerá cómo se aplica el modelo de atención individualizada del mercado masivo.
- Podrá aplicar un modelo de atención específica a cada perfil de cliente que su empresa tiene.

Muchas organizaciones han optado también por aplicar el crecimiento vertical por cliente en el mercado. Tradicionalmente la estrategia de mercado masivo había sido venderle a la mayor cantidad de clientes posibles en el mercado. Por años se aplicó la comercialización masiva, vendiendo un producto a la mayor cantidad de personas posibles.

Este modelo, que por años se aplicó en un mercado en expansión en el que vivíamos, resultó ser una comercialización de expansión horizontal, para atender el mercado en crecimiento de los años cincuenta a los ochenta.

El nuevo mercado mundial, saturado de productos, puso fin a la idea de considerar como prioridad la "Participación de Mercado", para migrar a la estrategia de "Participación por Clientes".

Hoy las personas importan más que nunca, dada la enorme cantidad de productos que existen para satisfacer sus necesidades particulares.

Fin de la segmentación tradicional

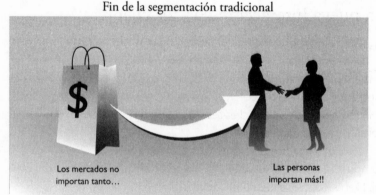

Los mercados no importan tanto...

Las personas importan más!!

Participación por cliente…
más que participación de mercado

La nueva tendencia de crecimiento en un mercado sobresaturado requiere de un "Marketing Masivo Personalizado", es decir, vender la mayor diversidad de productos posibles a cada cliente.

Esta tendencia de vender más producto por cliente necesita de un modelo estratégico diferente que permita un "Crecimiento Vertical".

Hoy no es tan importante el modelo de crecimiento horizontal que heredamos de los ochenta, como desarrollar una estrategia de mercado de crecimiento vertical por cliente, es decir, más producto al cliente cautivo. Es necesario buscar más clientes y conservar a los que tiene con más productos. El cliente cautivo requiere mantenimiento; el nuevo, mucha innovación para captarlo. El cliente cautivo requiere que usted aplique una estrategia de marketing personalizado.

Las dos estrategias de punta de lanza

# La nueva interacción con los clientes

El marketing personalizado se basa en la explotación sistemática de la información que usted necesita obtener de las distintas interacciones que tiene su negocio con sus clientes. Esto permite mantener relaciones duraderas y muy rentables.

Para ello es necesario que usted obtenga una radiografía detallada del comportamiento de sus clientes. La información estadística es fundamental. Debe identificar de ellos:

- Cómo compran
- Cuánto compran
- Cómo pagan
- Con qué frecuencia compran
- A qué tipo de promociones responden
- A qué temporadas reaccionan mejor
- Qué tipo de medio de pago utilizan

> **Realice promociones diferentes para distintos perfiles de compradores**

Si usted tiene un comercio tendrá que identificar también si el resto de su familia responde a las promociones, etc.

En general, es una radiografía minuciosa que le permitirá desarrollar promociones diferentes para distintos perfiles de compradores.

## Segmentar los clientes por su valor para dar a cada uno un trato diferenciado

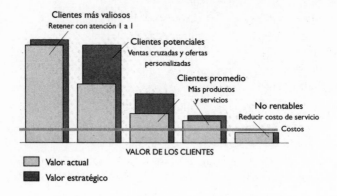

Clientes más valiosos
Retener con atención 1 a 1

Clientes potenciales
Ventas cruzadas y ofertas
personalizadas

Clientes promedio
Más productos
y servicios

No rentables
Reducir costo de servicio

Costos

VALOR DE LOS CLIENTES

■ Valor actual
■ Valor estratégico

> **Cada tipo de cliente es una nueva estrategia de venta**

Este modelo estratégico permite diseñar estrategias de promociones dirigidas a los clientes que usted desea desarrollar.

1. A clientes más valiosos: deberá aplicar un marketing personalizado (para ampliar su conocimiento acerca de este modelo, le aconsejo leer los siguientes libros: *Marketing one to one, CRM Series, The One to One Manager, Enterprise One to One, B2B, Relationship Marketing*, por mencionar algunos).

2. A clientes potenciales: deberá hacer ventas cruzadas y ofertas con mayor frecuencia, con objeto de hacerlos crecer (le aconsejo monitorear el giro bancario que por años ha sido excepcionalmente bueno en este concepto).

3. A clientes promedio: deberá ofrecer más productos, negociar oportunidades y diseñar estrategias de servicios específicos para hacerlos crecer, de acuerdo con su potencial.

4. A clientes no rentables: deberá identificar su potencial, su mix de compra con usted y con los competidores, y diseñar una estrategia de ataque frontal en los clientes de gran tamaño que no le compran.

En suma, su objetivo es "Segmentar sus Clientes por su Valor" para dar a cada uno un trato diferenciado, y no sólo segmentar el mercado, como tradicionalmente hacían las empresas.

Para implementar esta estrategia de marketing personalizado por cliente, usted necesita considerar otros aspectos:

> Cualquier crecimiento es a costa de quitarle al competidor inmediato

1. No tenga un presupuesto de promoción y publicidad igual para toda su cartera de clientes.

2. La venta adicional en cada cliente no tiene costo para usted ya que es un cliente cautivo.

3. La mayoría de las empresas, para crecer, focalizan su presupuesto buscando más clientes. Cada cliente nuevo tiene mínimo 15% de costo de promoción, publicidad y marketing.

4. El secreto de la comercialización en el mercado masivo, dada su volatilidad, es la "retención" de sus clientes.

5. Es imposible aplicar el modelo de marketing personalizado sin un eficiente sistema de CRM. No importa si su empresa es de 10 empleados o de 1000, todos la necesitan para sobrevivir.

6. Es necesario desarrollar un área especializada de Call Center para tener su base de clientes bien segmentada. Tampoco importa el tamaño de su empresa. Un estudio realizado por 2500 Call Centers en el mundo reveló que da empleo a 475000 personas. El 75% de estos Call Center atiende el mercado masivo y el 25% atiende clientes nicho. Esto indica el gran avance que ha tenido este tipo de servicio en las empresas orientadas al cliente.

No olvide que sus clientes son el activo más importante de su empresa: son la razón de ser de su negocio. Hoy todos los clientes son codiciados por múltiples competidores ansiosos por aumentar su cartera a costa de la suya. Estamos en lo que los economistas llaman "Crecimiento de Suma Cero". Cualquier crecimiento es a costa de quitarle a su competidor inmediato, dada la saturación de los mercados.

Esta realidad del mercado dimensiona aún más la importancia de la retención de sus clientes. En mercados saturados la pérdida de un cliente significará un sacrificio enorme para recuperarlo. Y si logra recuperarlo, será sacrificando sus utilidades para atraerlo por precio. La pérdida de un cliente es un costo no sólo por el ingreso de su compra, sino por todo el presupuesto de marketing y ventas que se requirió para atraerlo.

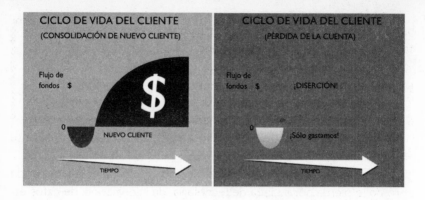

Por otro lado, un cliente cautivo bien atendido no únicamente se beneficia de sus compras mes con mes. La estrategia de "Crecimiento Vertical" de mercado le permitirá vender más a ese cliente sin un costo adicional. Les podrá vender tantos productos complementarios, adicionales para otras necesidades que ellos tienen, que será también una protección que construya en ellos contra sus competidores (ver siguiente figura). La venta de paquetes de productos hace menos vulnerable que su cliente emigre con otros competidores.

La venta integral o la venta cruzada, como le llaman los banqueros, es un modelo efectivo que ha sido comprobado por años. Le aconsejo que considere aplicarla también en su estrategia. No deje su negocio desprotegido y lo vuelva débil, frente al riesgo que significa vender a cada cliente pocos productos.

También esta estrategia de crecimiento vertical le permite crear economía de escala por cliente, dado que los márgenes de utilidad por producto, como ya usted seguramente ha experimentado en los últimos años,

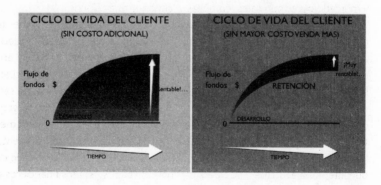

han disminuido. Sin embargo, esto se compen-
sará con productos que usted adicione.

Ejemplos de empresas que utilizan esta estrategia son múltiples, pero el uso de la tecnología para escanear el perfil de compra de sus
clientes es muy poco. Éste se fundamenta en el

> El juego se llama
> "personalización
> masiva de
> sus clientes"

sustento que permite tener mayor éxito, no importando el tamaño de su
empresa.

No permita que un cliente se pierda por su culpa; piérdalo peleando
pero no lo pierda por su falta de tecnología, de información, de datos es-
tadísticos o por falta de comprensión del perfil detallado de cada uno de
sus clientes.

Le reitero que no importa si usted tiene 100 clientes o 70 000: la cantidad es irrelevante, el principio es el mismo. El nombre del juego se llama
personalización masiva de sus clientes.

Lo invito a que considere este modelo estratégico en su cartera. Si
actualmente lo aplica pero lo subutiliza, debe focalizarse: sus competidores
no le perdonarán la vida.

Si no lo tiene aún, le pido que no continúe perdiendo dinero, incluso si
sus ventas hoy están creciendo. Mañana estará perdiendo de todas mane-
ras por no tener un sistema estratégico eficiente para proteger su cartera.

CASO DE LA VIDA REAL

Dentro de mis actividades como consultor de empresa me toca atender
empresas grandes, muy grandes, pequeñas y muy pequeñas, que atiendo con
mucho gusto ya que ellas no tienen acceso a los consejos de los economistas
y mercadólogos mundiales, como las grandes corporaciones.

Un día recibo una llamada telefónica de una señora, diciéndome que
me había escuchado en mi programa de televisión y que le habían llamado la
atención mis comentarios. Me comentaba muy preocupada que hace 7 años
inició con una pequeña tienda que abrió en el garaje de su casa, con la cual le
había ido muy bien por 4 años. Sin embargo, en los últimos dos ya no sabía
cómo mantener el volumen de ventas. Sus ventas habían caído, los márgenes
de utilidad no eran los mismos. La gente ya no compraba tan frecuentemente, sólo en épocas de inicio de escuelas era cuando aumentaban sus ventas.
Me preguntaba qué podría hacer ante esta situación. Telefónicamente le dije
que intentaría ayudarla y que para ello necesitaba sus estados financieros de

los últimos dos años, así como una relación de tipo de ventas y volúmenes mensuales por línea de productos. Luego de varias llamadas telefónicas y de tres reuniones tomando café junto con su esposo, decidí establecer una estrategia distinta de la que habían aplicado durante sus años. Les solicité que hicieran un acopio de información de los tipos de negocios, empresas y fábricas a un kilómetro a la redonda de su tienda. Luego de varias semanas, cuando recibo la información me doy cuenta de que su zona tiene muchos edificios de oficinas, fábricas y bodegas. Por tal motivo le aconsejé al esposo de la señora que comenzara a diseñar paquetes de promoción de papelería para oficina, y no productos para escolares. En los primeros tres meses empezaron a recibir los primeros pedidos importantes de las empresas de oficinas que había en su zona. Les aconsejé que para dar una atención personalizada, hicieran un perfil de cada uno de sus clientes, y así lo iniciaron. Para no hacer la historia muy extensa, le comento que reclutaron a una joven en telemarketing y se compraron su primera computadora para poder hacer un perfil de cada nuevo cliente que ingresara. Dos años después su vida ha cambiado: ya tienen cinco jóvenes telemarketing y dos vendedores que visitan las empresas. Además, han ido adicionando productos para oficina que antes no habían pensado. Hoy han triplicado su negocio y el 87% de sus ingresos proviene de ventas fuera de su tradicional tienda. Esta señora, que se animó a pedirme un consejo, ha podido aplicar en su pequeño negocio la estrategia de crecimiento vertical por cliente y ha pasado de una comercialización pasiva (en la que esperaba a que sus clientes ingresen a su tienda) a una comercialización proactiva, en la que va en busca de sus clientes dentro de su zona de influencia.

Le describo este consejo para que confirme que los principios estratégicos se aplican para cualquier tipo y tamaño de negocio. Su secreto es la adaptación del principio estratégico a su realidad.

## Estrategia núm. 17

# Ser el primero

EN ESTA ESTRATEGIA:

- Sabrá por qué las empresas que inician en el mercado tienen mayor ventaja de hacer dinero.
- Podrá considerar en su próxima estrategia la posibilidad de ser el primero en algo que el cliente considera altamente atractivo.
- Conocerá por qué es más importante ser el primero que tener el mejor producto del mercado.
- Tendrá ejemplos para comprender mejor el impacto de ser el primero en el mercado.
- Podrá aplicar este modelo estratégico si comprende las ventajas que encierra ser el primero.
- Verá que ser el primero ha sido la clave para muchos empresarios que no tenían mucho capital para desarrollar sus empresas.
- Comprenderá que ser el primero es construir un monopolio temporal de alto rendimiento económico.
- Podrá aplicar la estrategia de ser el primero no sólo en productos, sino también en aspectos de servicio, atención, distribución, empaque, etcétera.
- Evitará ser el primero en algo que el cliente no le da valor.

En los años setenta los afamados mercadólogos Al Ries y Jack Trout escribieron un libro titulado *Positioning: The Battle of Your Mind*. Fue un libro de alto impacto en su momento, ya que nos hicieron ver la importancia de posicionarse en la mente de los clientes.

Muchos empresarios han ganado con la idea de que si tienen un buen producto, será suficiente para seguir vendiendo. Lamentablemente hoy no es cierto. En cambio, otros han optado por crear un concepto diferente para ser los primeros en el mercado. De esta manera, crean un nuevo concepto de negocio y un nuevo producto. Este principio nos indica que es mejor entrar primero en la mente del consumidor que tratar de estar primero en el punto de venta. Incluso es mejor ser el primero que tener el mejor producto. Es más fácil recordar que el monte Everest es el más alto del mundo que saber el nombre del segundo más alto.

Por ejemplo, hoy les costará mucho trabajo a cualquier empresa entrar en el mercado para competir con Domino's Pizza, ya que ésta se encuentra posicionada en primer lugar en la mente del consumidor.

Los seres humanos tienden a aferrarse a lo que ya conocen. Si un competidor entra en el mercado cuando ya existe un modelo de negocio o un producto bien posicionado, lo único que está haciendo es reforzar el producto que está primero en la mente del consumidor. Dirá el consumidor: "son igual que Nike", "son una imitación de Starbucks", "quieren subirse al mismo negocio".

Lo mismo sucederá a aquellos que quieran imitar el modelo de Starbucks. El único héroe que ha decidido subirse al ring es McDonald's con Mac Café. Veremos en los próximos años cómo termina la pelea y cuánto logra McDonald's arañar el mercado de Starbucks.

> **Lo importante es ser el primero**

En México, Sanborn's lamentablemente no pudo crear un concepto en su momento con Sanborn's Café, a pesar de que tiene un nombre muy bien posicionado.

Sanborn's debería posicionarse con un concepto nuevo, diferenciándose con un atributo o una idea, para no pelear de frente, si es que desea continuar por ese camino. Si yo fuera su asesor, les aconsejaría que lo intentaran. Tienen todo por ganar y nada que perder. De hecho, tiene mucho más que perder McDonald's.

Muchos pioneros que llegan primero en el mercado han sido luego adquiridos por otros peces más grandes, como es el caso de las panaderías El Globo, que increíblemente aún hoy se mantienen por encima de todas. ¡Es difícil de creer!

Muchos empresarios exitosos que he conocido, que tienen la virtud de crear algo único y de posicionarlo bien en el mercado, luego ponen a la venta su negocio para consolidar su nombre, antes de que los competidores saturen el nicho con ideas similares, provocando que sus márgenes de utilidades disminuyan dada la saturación.

Vea el caso del publicista Enrique Gilbert, quien se ha hecho famoso porque ha fundado cuatro agencias de publicidad, de las cuales ya ha vendido dos. Es un emprendedor que encuentra nichos de manera natural. Hoy, a sus 71 años, ha decidido ir tras las empresas del mercado que no se anuncian, seguramente porque las empresas que sí se anuncian están saturadas de ofertas de todas las agencias. Y Gilbert sabe que la conquista de un cliente en tales condiciones requiere enfrentar la guerra de precios.

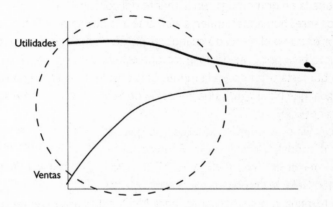

Enfocarse en las empresas que no se anuncian, es un concepto interesante que podría darle otra oportunidad de venta y pasar a la historia.

Tengo un buen amigo que ha incursionado en el nicho de aviones de hélice, que van de las pequeñas hacia las grandes ciudades. Su negocio ha crecido como la espuma, por el bajo costo y por incursionar en un mercado que nadie atiende de la manera en que él lo hace. Su objetivo es hacer crecer el negocio y luego venderlo. No está dispuesto a pelear cuando el nicho se sature. Por lo pronto disfruta al poner el precio que se le antoje: está solo.

La empresa Control en México descubrió la oportunidad de diseñar un sistema para controlar las barreras en las casetas de peaje en las carreteras. Es el único que diseñó un software y un teclado inviolable, dado que muchos cajeros dañaban el teclado o el sistema para cobrar el peaje manualmente. Esta empresa vio la manera de beneficiarse económicamente de ese precario control de automóviles. Hoy disfruta de las

> **Debe encontrar un concepto que lo identifique en el mercado**

mieles de ser el único que tiene ese diseño en todas las carreteras del país, además de beneficiarse económicamente del mantenimiento del mismo.

La razón por la cual es importante que usted sea el primero en lanzar un concepto nuevo o un nuevo producto es porque existe la posibilidad de que su negocio se convierta en un nombre genérico, como Danone, Gillette, Kleenex o Bimbo.

En el negocio de la radio, Gutiérrez Vivó, con su Radio Monitor, creó el primer concepto de información del tráfico en las calles, a través de helicópteros. Fue el primero en crear un grupo de motociclistas para el mismo propósito y auxiliar a los automovilistas; fue el primero en crear las mesas políticas; fue el primero en crear el servicio a la comunidad en problemas cotidianos, como salud, matemáticas para los niños, abogados; fue el primero en transmitir vía internet. Ello le permitió estar por más de 30 años a la cabeza de la radio en México.

> Hoy, en este mundo saturado, los clientes quieren sentirse diferentes con productos y servicios únicos

Tal es el caso de Tele Pizza, que, imitando el concepto de entrega a domicilio de Domino's Pizza, lanzó en España este concepto que no existía en aquel momento. Fue el primero, no tuvo competidores y hoy ha logrado hacer una fortuna de 1 890 millones de dólares, vendiendo la empresa.

El mercado saturado de productos exige que usted tenga muchas pelotas en el aire. Sin embargo, debe encontrar una que lo identifique como el primero, el único en algún aspecto que el cliente distinga y lo encuentre atractivo.

Todos los empresarios están buscando la idea mesiánica que los identifique como los primeros y les dé un monopolio temporal. Los músicos y los artistas siempre han buscado ese momento que los lleve a la fama. Hoy es el momento histórico en que le toca a usted, como empresario, encontrar la idea que lo posicione en primer lugar.

La idea es que usted encuentre transitoriamente un monopolio que le permita poner el precio que quiera, para que se encuentre temporalmente solo. Puede ser una estrategia geográfica única, un diseño único de negocio, un producto o servicio distinto. Si usted encuentra un modelo único que lo convierta en monopolio por un tiempo, podrá recibir el beneficio de las utilidades que logra el estar solo.

Lo mismo le sucedió a McDonald's, que abría 1 700 restaurantes al año cuando inició su negocio. Lo mismo le ha pasado al IPhone, que alcanzó casi el 20% del mercado mundial de los teléfonos sin ser una empresa dedicada a ello.

> **Estamos en el mundo de las percepciones, no de los productos**

Lo mismo le está sucediendo a Starbucks, que puede poner el precio que se le antoje a su café. Lo mismo sucedió con la empresa holandesa Phillips con la invención del tubo de luz de gas de neón y con el audiocasete, también inventado por ellos. Lo mismo le sucedió a 3M al crear el Post-it. Estas empresas han ganado el dinero que han querido.

Hoy, en este mundo saturado, los clientes quieren sentirse distinstos con productos y servicios únicos. Estamos en el mundo de las percepciones, no de los productos. Vea usted cómo Starbucks logra dar estatus a las personas que consumen su producto, ya que consumir en ese lugar los diferencia de la masa.

Para ser el primero no tiene que crear un producto solamente, sino crear un negocio distinto, como Dell, o una distribución diferente, un empaque diverso, una forma de servir diferente, que sea de bajo costo y sea visto de gran beneficio por el consumidor.

La idea es que usted sea el primero en llegar. Y la condición para que sea el primero y pueda ganarse el beneficio de las utilidades es que considere la velocidad de reacción de los competidores: la facilidad de imitar, copiar y mejorar lo que usted descubra. Si su lanzamiento es fácil de copiar, ser el primero no le servirá de mucho. Será arrasado por la imitación.

No olvide que Steve Jobs dijo que la tecnología que diseñó para su iPhone tenía cinco años de avance, y por ello no le preocupaban sus imitadores.

En suma, usted debe crear las condiciones que le permitan por un tiempo estar solo, tal como se comporta cualquier monopolio. El ideal es tener un tiempo para disfrutar su poder, hasta que sea imitado por competidores que querrán su pastel.

Vea usted cuántos negocios han querido aprovechar la oportunidad de entregar sándwiches y comida a oficinas. Pero realmente dos de ellos tienen el liderazgo: Panne en Via y La Raclette. Como ve, puede ser el primero incluso en el modelo de entrega de productos o en servicios comunes y tradicionales. Se trata de que usted se quede con el poder que le proporciona ser el primero en la mente del consumidor. Muchos han querido imitar a Bisquets Obregón, pero nadie puede sustituir el haber llegado primero hace más de 50 años.

Es muy difícil sustituir el nombre de Tortas Don Polo: la imagen de su marca los hace insustituibles.

Esa ventaja de ser el primero en la mente del consumidor puede darle dos opciones: una de ellas es la posibilidad de vender su negocio en el pico más alto de las ventas, como lo hizo Tele Pizza, para sacar la mayor rentabilidad de su ingenio.

La segunda opción es posicionarse sólidamente como líder en ese mercado y vivir de él aunque sus utilidades no sean las mismas que en sus inicios: el liderazgo le permitirá hacer dinero. Lo invito a que piense si sus próximas estrategias apuntan a ser el primero, disfrutando las mieles de su genialidad creativa. La estrategia que está diseñando debe ser mejor que las estrategias existentes y además debe llegar antes, ya que tendrá mucho más impacto en el consumidor el que llegue primero.

# Estrategia núm. 18

# Long tail

EN ESTA ESTRATEGIA:

- Entenderá cómo la tecnología puede transformar de raíz la definición que usted tiene de su negocio y mercado.
- Conocerá negocios que han cambiado su historia al ver una oportunidad en el mercado masivo, sin límite de fronteras y ciudades o estados.
- Identificará que el nuevo paradigma de los negocios se caracteriza por vender poco a muchos clientes.
- Recibirá ejemplos de pequeños negocios que han cambiado su historia gracias a la manera de atender a sus clientes.
- Podrá aplicar en su empresa este modelo sin tener que modificar sustancialmente lo que hace, sino cómo lo hace.
- Este modelo estratégico podrá en poco tiempo ponerlo a disposición de clientes que nunca habían pensado en sus productos.
- Verá que muchos nuevos empresarios que no tienen paradigmas tradicionales en su mente han podido aplicar este modelo estratégico sin problemas.
- Visualizará la gran oportunidad de crecimiento que existe en su empresa si logra aplicar en forma simple, y sin mucha sofisticación, el modelo Long Tail de comercialización.

La tecnología digital ha creado un nuevo mundo de consumidores nunca visto, en el que las viejas reglas del mercado han quedado cortas e inoperantes.

La tecnología digital disminuye los tiempos y las distancias, nos hace vivir en un mundo cada día más pequeño. Las innovaciones comerciales son cada día más dependientes de una tecnología de la información, centradas en producir nuevos canales de comunicación con prospectos y clientes a costos muy bajos, con información en tiempo real para el mercado masivo.

Llegue a más lugares
con la tecnología
digital

Hoy, todos los jóvenes fanáticos del mundo digital quieren hacerse ricos descubriendo un nuevo negocio, una mina de oro en las cuevas de internet. Estamos ante la nueva fiebre del oro digital, como lo fue también el petróleo. El famoso oro negro hoy lo es la estrategia digital.

Las empresas requieren diseñar estrategias que les permitan llegar a más lugares y tener acceso a posibles clientes que nunca podrían tener si no fuera por internet.

## Tecnología

Pequeños, más baratos y más poderosos.

### RÁPIDO - BARATO (reduce costos) - VENTAJA COMPETITIVA

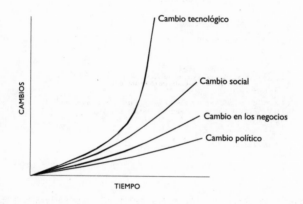

En el mercado digital, de los semiconductores han cambiando al mundo industrial y al mundo de la información digital.

El secreto para todo empresario es innovar y vender más rápido, más barato y más fácil para el cliente. El mundo digital ha creado una red de interacciones que han permitido el nacimiento de negocios nunca antes conocidos como el de YouTube, Google, e-Bay. La digitalización ha creado una red de competidores globales. Second Life es un ejemplo, la cual recibe más de 8 millones de jóvenes residentes en ese mundo virtual en el que los hacen vivir.

Si usted opta por incursionar en el mercado masivo, le aconsejo amplíe su información leyendo el libro *The Long Tail* de Chris Anderson, donde ex-

plica con gran detalle cómo la digitalización ha
hecho resurgir un mercado masivo que nunca
antes había identificado.

Hoy tiene usted la oportunidad de vender un producto a millones de personas a
la vez en todo el mundo. Es la estrategia que le permitirá vender a muchos en cualquier parte de la Tierra, ya no sólo de su zona, ciudad o país.

Las tiendas no pueden tener todos los discos, libros o software que existen en el mercado, ya que no podrían tener un inventario de esa magnitud.

La capacidad que tienen las tiendas de vender productos, comparada
con los que se pueden vender en línea, representa 50% menos de posibilidad comercial frente al negocio digital.

No es posible tener en una tienda productos de baja rotación, o dirigidos a clientes con intereses particulares. Dejan poco dinero y ocupan
espacio. Las tiendas tienen lo que la demanda pide. Cuando usted va a
Wal-Mart o a Gandhi o a El Sótano, no puede encontrar los miles de libros
que producen todas las editoriales. En el terreno digital eso no importa.

En la estrategia digital usted puede vender productos para todo tipo
de clientes sin importar si tienen una demanda elevada o no, si son popu-

lares o no. La estrategia digital está destinada a transformar radicalmente los sistemas tradicionales de distribución de las empresas.

La música, el video, ahí están, no tienen costo, puede comprarlos a muy bajo precio el día que quiera durante 24 horas, "nunca cierran".

Empresas que venden información, la empresa de tenis Nike y muchos otros productores mundiales de artículos de uso personal, de bolsas, zapatos, cosméticos, lencería; empresas como Gucci, Lacoste y muchas otras, han encontrado que pueden ofrecer líneas específicas de productos de su marca (que no encuentra usted en sus tiendas) y venderlas a cualquier rincón del planeta. Su mercado es entonces cualquier habitante de la Tierra que tenga acceso a una computadora. ¡La oportunidad es increíble!

En la ciudad de Florencia, Italia, un joven hijo de una familia que tiene un pequeño comercio de venta de artículos para turistas hace más de 45 años vende, entre otras cosas, pequeñas estatuas de David, postales y todo tipo de artículos y recuerdos de la hermosa ciudad y sus museos.

Este pequeño negocio, que tiene dos generaciones, hoy ha cambiado la vida de la familia gracias a que el joven Vittorio Brunatti, graduado en marketing en la Universidad de Florencia, decidió abrir un portal en internet para promover los productos de la tienda de su familia. La sorpresa ha sido que con el tiempo sus productos han tenido cada día mayor aceptación. El negocio ya vende estatuas de David del tamaño de una persona y de muchos otros monumentos y pinturas famosas no sólo de Florencia, sino también de toda Italia. El año pasado el joven alcanzó su primer millón de dólares en ventas. El negocio recién inicia para este joven emprendedor que halló un nuevo mercado enviando sus productos a cualquier parte del mundo. Eso significa que el modelo pasivo de comercialización que aplicó su abuelo y su papá, que consistía en abrir las puertas de su negocio y esperar a que el turista que pasara por la puerta entrara al comercio, es hoy para ellos un recurso comercial complementario.

Su estrategia digital golpea las puertas de todas las personas del mundo. No necesitan venir a Italia para tener lo que ese país ofrece para los turistas. La digitalización cambió de raíz el modelo del comerciante tradicional por un modelo mucho más proactivo.

Le aconsejo que piense en esta oportunidad y diseñe una estrategia en la que pueda subirse a la ola del negocio de Long Tail.

Hace algunos años en una de las tantas conferencias que imparto, un día un señor se me acercó al terminar la conferencia y me invitó a comer para conversar de su negocio. Así lo hicimos y me comentó que llevaba más de 20 años dedicándose a las antigüedades en la ciudad de Guanajuato, con mucho éxito, pero que ya no podía vender lo mismo. La gente pedía muchos descuentos y había muchos más competidores que antes (me dije a mi mismo: "esta historia la conozco"). En suma, me contó que el negocio no era el mismo.

Me preguntaba directamente si yo creía que podía tener alguna oportunidad su tipo de negocio. Le dije que todo negocio tiene solución, si se le busca la forma de adecuarlo a la nueva realidad del mercado. Le comenté que podía aplicar dos tipos de modelos estratégicos. Uno de ellos es el que ya le mencioné al lector en la estrategia núm. 8: "Sumarse a infraestructuras existentes". Le recomendé que intentara hacer un esfuerzo para estar en hoteles y en lugares donde los turistas pudieran apreciar sus piezas. Le mencioné también que pensara a qué infraestructuras existentes podría sumarse, para que pudiera aprovechar la circulación de gente que existe en esos lugares donde aún no se encontraba. También hablamos de la Estrategia Long Tail, digital. Al igual que el joven italiano de Florencia (le describí a él también la historia), él podría utilizar internet como un medio para promover sus piezas. Así podría ampliar su mercado no sólo a los compradores asiduos y leales que tiene de años, sino también a aquellos a quienes les gusta el arte y viven en cualquier parte del país o del planeta. Un mes después de hablar telefónicamente en varias ocasiones y luego de enviarme varios correos con sus ideas y el historial de ventas y clientes de su negocio, me comentó que había hecho varios contactos con negocios establecidos en diversas partes del país, así como en varios estados de los Estados Unidos donde hay tiendas de antigüedades que deseaban tener sus piezas. En esa búsqueda encontró que había varios países europeos a los que les interesaban las antigüedades mexicanas, entre ellos Alemania. De igual manera se le ocurrió un catálogo que mandó hacer con una calidad extraordinaria en varios idiomas, para enviar a estas tiendas y a sus clientes repetitivos. También abrió una página en internet que, con mucha dedicación, ha ido mejorando con el tiempo. La excelente aplicación de estas dos estrategias le permitió a esta persona no sólo nivelar sus ventas en el corto plazo, sino también crecer más del 20% en los últimos cinco años.

Como usted puede ver, estos modelos estratégicos son aplicables a cualquier tipo de empresa. No tiene por qué ser usted una empresa global para aplicar los modelos estratégicos que le comento en el libro.

Como se imaginará, yo también los aplico para ayudar a organizaciones multinacionales que desean mejorar su crecimiento en sus segmentos de mercado o en el lanzamiento de nuevos productos al mercado, o en el rediseño estratégico de su negocio.

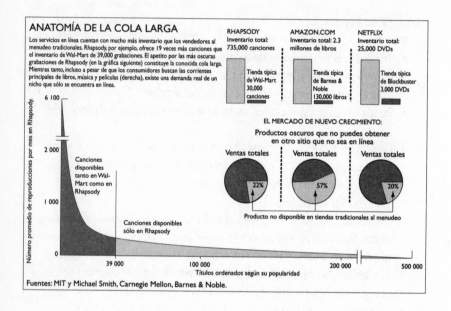

## ANATOMÍA DE LA COLA LARGA

Los servicios en línea cuentan con mucho más inventario que los vendedores al menudeo tradicionales. Rhapsody, por ejemplo, ofrece 19 veces más canciones que el inventario de Wal-Mart de 39,000 grabaciones. El apetito por las más oscuras grabaciones de Rhapsody (en la gráfica siguiente) constituye la conocida cola larga. Mientras tanto, incluso a pesar de que los consumidores buscan las corrientes principales de libros, música y películas (derecha), existe una demanda real de un nicho que sólo se encuentra en línea.

RHAPSODY
Inventario total: 735,000 canciones

Tienda típica de Wal-Mart 30,000 canciones

AMAZON.COM
Inventario total: 2.3 millones de libros

Tienda típica de Barnes & Noble 130,000 libros

NETFLIX
Inventario total: 25,000 DVDs

Tienda típica de Blockbuster 3,000 DVDs

**EL MERCADO DE NUEVO CRECIMIENTO:**
Productos oscuros que no puedes obtener en otro sitio que no sea en línea

Ventas totales — 22%

Ventas totales — 57%

Ventas totales — 20%

Producto no disponible en tiendas tradicionales al menudeo

Número promedio de reproducciones por mes en Rhapsody.

6 100
2 000
1 000
0

Canciones disponibles tanto en Wal-Mart como en Rhapsody

Canciones disponibles sólo en Rhapsody

39 000     100 000     200 000     500 000
Títulos ordenados según su popularidad

Fuentes: MIT y Michael Smith, Carnegie Mellon, Barnes & Noble.

# Estrategia núm. 19

# Visión financiera del negocio

EN ESTA ESTRATEGIA:

- Tendrá una perspectiva diferente de su negocio tradicional.
- Identificará nuevas oportunidades de negocios al visualizar su empresa como un modelo financiero a desarrollar.
- Podrá ampliar significativamente el volumen de compradores de sus productos.
- Descubrirá que su empresa tiene el potencial de incursionar en tipos de productos que nunca antes se había imaginado.
- Conocerá ejemplos de empresas que han decidido incursionar en este modelo estratégico.
- Tomará conciencia de que quitando del centro de su mente los productos que vende, tendrá una perspectiva diferente para identificar nuevas oportunidades a través de la estrategia financiera.
- Identificará las oportunidades que surgen al facilitar el proceso de compra de sus consumidores actuales y de los que aún no lo son.
- La aplicación del modelo de estrategia financiera le permitirá expandir su mercado significativamente.

Cada día observamos con mayor afluencia cómo las organizaciones ven en sus negocios una perspectiva financiera. Vemos cómo el mecanismo para alcanzar mayores ventas o para crear un modelo de ingreso adicional a su cartera natural de clientes se sustenta en la visión financiera.

Volkswagen, por ejemplo, ha abierto las puertas de la empresa VW Bank, en México. Ellos se visualizan como una banca de autos, por lo menos en el corto plazo. Planean ofrecer también tarjetas de débito y de crédito. Con ello podrán proporcionar un servicio adicional a sus compradores de autos y también a los que no compren autos, ya que atenderán a todo tipo de clientes.

Mercedes Benz en México ya cuenta con una tarjeta de crédito para pagar sus servicios y todo lo referente a las necesidades de su unidad.

> Facilite los procesos
> de compra de sus
> consumidores

Los almacenes Coppel planean ser uno de los principales operadores de servicios financieros para el mercado popular. Han abierto una Afore, un banco: Bancoppel y recientemente adquirieron Crédito y Casa, que es la tercera hipotecaria del país. Con ello podrán ser la primera cadena comercial en vender viviendas. La clave para ellos, al igual que VW Bank, es utilizar los clientes cautivos de las 675 tiendas Coppel. Para ello abrirán un banco en cada tienda. El 85% de sus ventas las realizan con tarjetas de crédito, por lo que ver su negocio desde la perspectiva financiera es una estrategia normal para ellos.

De igual manera lo ha hecho Elektra con su banco Azteca para financiar electrodomésticos, motocicletas y sus nuevos automóviles de origen chino.

Autofin es otra empresa que ha sido un brillante pionero en la aplicación del concepto financiero de su negocio. A pesar de tener 170 agencias automotrices de diferentes marcas, su concepción del negocio es en esencia una financiera. Esto le ha permitido financiar automóviles y camiones, vender camiones especiales para transportar automóviles, como también vender casas y construir nuevos fraccionamientos, todo a través de su banco. Con ello prueban su enfoque financiero aunque dispongan de muchas distribuidoras de automóviles. Esta visión financiera de la industria automotriz ha sido el detonador de su éxito en el mercado.

Por demás está mencionar Wal-Mart: ven a sus tiendas como un centro financiero a partir de la adjudicación de su nuevo Banco Popular. Esta nueva perspectiva de ver el autoservicio bajo la óptica financiera abre nuevos horizontes a este ya exitoso grupo comercial.

Independientemente de los bancos, todas las sociedades financieras de objeto múltiples y limitado (Sofoles y Sofomes) que proporcionen créditos o manejen cualquier tipo de instrumentos financieros son un gran negocio que satisfacen las necesidades de compra de un consumidor con una nueva actitud de compra.

Tales son los negocios de franquicias como Prendamex, que han tenido un crecimiento inusitado, teniendo hoy más de seiscientas tiendas, y planean abrir muy pronto mil franquicias.

La aplicación de la estrategia financiera de negocio ha permitido a millones de consumidores tener acceso a créditos para adquirir bienes que sus padres o abuelos nunca pudieron alcanzar.

Las empresas que cambian su concepción estratégica hacia empresas centradas en el concepto financiero en general se distinguen por las siguientes características:

1. Los ejecutivos quitan del centro de sus decisiones estratégicas sus productos y ponen como prioridad las necesidades o limitaciones que tiene el cliente para adquirir dichos productos. Piensan en cómo facilitar el proceso de compra para sus clientes y consumidores.

2. Son empresas en su mayoría focalizadas en el mercado de consumo; muy pocas son de alta tecnología, como es el caso de GE Capital.

3. Son empresas que tienen una cartera extensa de clientes cautivos que realizan compras repetitivas.

4. Son empresas que desean expandir sus ventas hacia mercados masivos.

La estrategia financiera permite facilitar la adquisición del producto o servicio.

> **La estrategia financiera le permitirá abrir su mercado significativamente**

Con ello el financiamiento se transforma en el centro del negocio, no en un apoyo a sus productos. Empresas como las tiendas Liverpool han incursionado no sólo en el área de las tarjetas de crédito, sino también ahora lo hacen en el negocio bancario al igual que los Hermanos Vázquez, Coppel y Elektra. Estas empresas poseen una lógica: al concentrarse en el negocio financiero, los productos se tornan en un medio y no en la razón de su existencia.

Al focalizar sus decisiones estratégicas en el negocio financiero, su concepción acerca del tipo de negocio cambia y amplían en consecuencia su gama de productos.

Autofin no sólo vende carros, sino también su mente financiera los ha llevado a vender cualquier tipo de transportes, así como a ingresar en el negocio de la construcción de viviendas, tal como lo han hecho las tiendas Elektra en el mundo automotriz y de las motocicletas. La clave de este modelo estratégico es que el producto deja de ser la razón de su existencia, para diseñar un servicio financiero adicional acorde con el perfil de los clientes cautivos y repetitivos de su negocio. Cambie su visión de producto para satisfacer distintas necesidades de una mayor gama de clientes a través de instrumentos financieros.

Para incursionar en la estrategia financiera, no es necesario que usted tenga que abrir un banco para aplicar este principio estratégico. Si usted tiene muchos clientes cautivos, piense que ellos son muy atractivos para cualquier banco o financiera. Si tiene 1000 clientes, le puedo asegurar que son muy buenos para cualquier banco. Le garantizo que varios bancos se pelearían por ellos.

Los bancos son un recurso ideal para financiar sus transacciones comerciales. Ellos anhelan tener su cartera de clientes cautivos.

Tal es el caso de la nueva alianza de Soriana y Banamex, la cual ofrecerá servicios bancarios en sus tiendas. Para ello han lanzado su tarjeta de crédito y una variedad de servicios financieros, lo que las diferenciará del resto de las cadenas comerciales del país.

Si desea incursionar en este modelo estratégico, le aconsejo que evite pensar en sus productos y se concentre en identificar alternativas que faciliten el proceso de compra de sus clientes, a través de transacciones financieras. Si logra desarrollar esta forma de pensar en su organización, le garantizo que su visión del negocio se transformará, ampliará su cartera de clientes y se consolidará en la medida en que madure el modelo.

# CAPÍTULO 9

# El reto de los líderes
# en mercados saturados

EN ESTE CAPÍTULO:

- Hallará un resumen de algunos de los puntos más sobresalientes del libro.
- Podrá dimensionar el tamaño del cambio personal para triunfar en mercados saturados.
- Conocerá la profunda transformación de los consumidores y clientes en su percepción de los productos.
- Identificará que los productos no son la clave del tema sino los factores intangibles que rodean al producto.
- Comprenderá que el servicio se considera un producto en mercados saturados que estimulan la compra de productos tangibles llenos de diferenciadores tecnológicos o estéticos.
- Conocerá cómo en nuestra organización trabajamos con las empresas para ayudarlas a salir de sus viejos paradigmas.
- Descubrirá que la solución está en la forma en que su mente define el mercado, no en el negocio que tiene.
- Descubrirá cómo implementamos nuestros talleres de innovación para ayudar a las organizaciones a salir de sus problemas de mercado.
- Identificará que para triunfar en un mercado saturado necesita hacer lo correcto.

# El mundo ha cambiado para siempre

En un mundo altamente saturado, los productos y servicios son cada vez más parecidos. Si lanza una idea original, seguramente será copiada en pocas semanas y puesta en el mercado a menor precio que el suyo a la velocidad del microondas. En un mundo globalizado donde todos los seres humanos están sensibilizados a imitar las presiones competitivas, están llegando a un límite nunca antes imaginado.

Su diferenciador cada día es más transitorio. Sus promociones ya no producen el mismo impacto que antes. Hoy tiene que lanzar nuevas promociones permanentemente para que puedan tener algo de impacto en la atención del consumidor.

La batalla ya no está en los productos, aunque existan miles, dado que éstos son imitados al instante. El mundo ha cambiado radicalmente hacia el negocio del servicio, las garantías, las ofertas y líneas de créditos que faciliten la compra.

Lo intangible, lo que rodea al producto, tiene más valor que las mismas características intrínsecas del producto. Las ventajas competitivas que pueden atraer la atención a los clientes están día con día más alejadas del mundo material para entrar en el mundo de las sensaciones. Por ello, las empresas que desean pelear en las grandes ligas de la globalización tendrán que diseñar modelos estratégicos diferentes, actuar de modo diverso y la gente deberá trabajar en forma distinta para tener éxito dentro de la nueva dinámica empresarial.

Estamos inmersos en el mundo del conocimiento, pero lamentablemente éste es un recurso perecedero, tiene vida corta, se imita fácilmente y pierde su fuerza. Por ello la innovación llegó para quedarse. La necesidad de renovación será una constante en todas las organizaciones, para soportar el modelo estratégico que será bombardeado por la imitación y la similitud de los modelos comerciales.

Los cambios del entorno no esperarán a que usted los asimile, de modo que usted necesita sacar fotos digitales del comportamiento de sus competidores. La respuesta debe ser instantánea, en tiempo real. La tiranía de la abundancia se lo exige.

> ╔══════════════════╗
> La solución está
> en la forma en que
> su mente define el
> mercado
> ╚══════════════════╝

Lo único que puede predecir es que el mercado será cada día más incierto, más inseguro y que la incertidumbre se transformará en el recurso idóneo para que usted tenga éxito.

El modo de vida es vivir en lo que desconocemos, en aquello que aún no hemos probado, que no hemos experimentado, que no dominamos. La audacia y el riesgo es la regla del juego. Todo riesgo es una enorme oportunidad, no una amenaza. Observe a su alrededor y verá que los éxitos más grandes en los modelos de negocio, en los diseños comerciales y en los productos son innovaciones alteradoras que nunca antes habían existido en el mundo.

No estamos en la época de la renovación: estamos en la innovación destructora que desconoce lo antiguo. El futuro es tan impredecible que debe construirlo con modelos no probados. No olvide que el ser humano nunca antes había ido a la Luna, pero el riesgo controlado permitió la conquista de un planeta por primera vez.

Así está el mercado de incierto. Por ello su reto es crearlo con algo diferente y único. Si no reacciona estará destinado a ver pasar las grandes ideas de los competidores arriesgados. Pero es mejor que usted sea el que provoque la revolución del mercado y los tome por sorpresa.

La forma más indicada para avanzar y avasallar es que se hagan las preguntas correctas. El mercado será entonces de aquel que se haga las preguntas correctas antes que sus competidores y las implemente antes que ellos. Ya no hay competidor distraído durmiendo en las mieles del éxito.

Antes decíamos que todos los inicios del año eran difíciles. La famosa cuesta de enero hoy es una cuesta diaria; se levanta con un mercado nuevo que no duerme nunca: trabaja las veinticuatro horas los trescientos sesenta y cinco días del año. Si no está alerta le pasará como al chango que decía: "Cuando me aprendí todas la

> Todo riesgo es una enorme oportunidad, no una amenaza

respuestas, me cambiaron las preguntas". Lo que usted aprendió ya no existe, el mercado cambió para siempre y no estamos ante un cambio transitorio de la economía o de los mercados: estamos ante una nueva realidad. Aquel que no lo comprenda tendrá que pagar muy caro su fijación de ideas del pasado. Dice un gran autor: "La incertidumbre es mayor cuando nuestra mente está anclada al pasado". La historia filtra sus nuevas ideas y las valora según parámetros históricos del mercado que hoy desaparecieron.

Antes no teníamos acceso a la tecnología sofisticada que hoy disponemos. El mundo se está achicando y la velocidad de los cambios está aumentando. Los hábitos de compra son distintos: hoy todo se compra. Muchos de nosotros en nuestra juventud veíamos que en nuestras casas las cosas se hacían, en lugar de comprarlas. Era mejor la comida casera que la comprada. Aún continúa esa creencia, pero ya no pesa en nuestras decisiones.

La reinvención de las empresas es inminente y ya no es suficiente con mejorar. La mejora continua ya no es la piedra filosofal que traducía la realidad en utilidades. Necesitamos ser una nueva criatura en el mundo de los negocios como lo han sido muchas de las empresas que mencioné durante el libro, como Starbuck, Iphone, Microsoft, South West Airline, Dell, Amazon, Google y muchas otras más a las que hice referencia. Esta dinámica avasallante de cambios ha reducido también la vida de muchas empresas. El mercado microondas en el que vivimos hace desaparecer empresas muy exitosas en corto tiempo.

## Los clientes dominan la manada

Este mundo saturado ha sido el paraíso para los consumidores. Pero los clientes han mutado de víctimas a verdugos. Ellos pueden destruir su empresa cuando quieran con sólo cambiar sus preferencias por nuevos y revolucionarios productos y servicios que nacen cada lunes y que están a su disposición. En consecuencia, la lealtad ha emigrado a los museos.

> Necesitamos ser una nueva criatura en el mundo de los negocios

Para un consumidor, los productos no tienen patria, como para los empresarios los negocios no tienen fronteras. Ni para los banqueros el dinero tiene límites.

Los clientes están tan bombardeados, que las empresas tendrán que competir por llamar la atención de los consumidores. Los supermercados están abarrotados de productos similares. La empresa que no aprenda en un mundo saturado a llamar la atención vivirá una muerte súbita y quedará fuera del mercado muy pronto sin importar los años que tenga en él. Tendrá que llamar la atención, como lo hizo Cirque Du Soleil con los espectadores del mundo.

Los clientes tienen tantas opciones, que su lealtad depende del precio más bajo y en aquel que proporcione un diferenciador atractivo, como el de Cinépolis, Coppel, Elektra y muchos otros que mencioné en los capítulos anteriores.

El diferenciador que más ha llamado la atención a los consumidores ha sido la velocidad. Para los consumidores la velocidad es un sinónimo de profesionalismo, servicio, eficiencia. Nos fascina el mundo de la aglomeración, de las ofertas, alguien que se distinga por lo rápido como lo ha hecho magistralmente Domino's, McDonald's o Volaris.

Pero también es fundamental diseñar nuevos productos a mayor velocidad, tal como en la guerra debemos disparar productos a "discreción": el que se demore en la recarga morirá. Estamos poniendo nuevos productos diariamente en los súper, tal como ponemos gente en los vagones del metro. Todo cabe apretado y a empujones, a bajo precio y en condiciones de créditos muy accesibles. Si es en pagos semanales mejor, para que el cliente no lo perciba.

El gran verdugo es
el mercado: nuestro
cliente exige más
por menos

El gran verdugo es el mercado: nuestro cliente pide y exige más por menos. Las empresas ya no sólo producen productos, sino también producen indiscriminadamente sistemas sofisticados de servicio para atender a su majestad el consumidor.

El autor Fred Reichheld de Harvard Business Express, en su libro *Ultimate Question*, declara: "En nuestros tiempos el depredador más salvaje de nuestras utilidades son nuestros propios clientes insatisfechos, no los competidores". El cliente puede elegir y no soportará un proveedor ineficiente, incapaz de atender sus necesidades a tiempo.

Por todo ello le aconsejo que comience a fabricar en su planta servicios diseñados *adhoc* a su tipo de mercado y cliente (como lo ha hecho fabulosamente Nextel, Toyota, Bimbo o Cemex). Hoy sus años en el mercado sólo determinan su vejez, pero no garantizan su sobrevivencia (vea cómo sufren GM y muchos otros viejos jugadores). Hoy las grandes empresas multinacionales modernas flexibles son las que controlan el mundo. Si no sabe competir contra estos nuevos señores feudales del siglo XXI, se quedará fuera de la jugada y sin balón.

Su éxito no se limita entonces a mejorar o a adaptarse rápidamente, sino a cambiar y reinventarse. Ya no hay rincón en el país que no esté atendido, ya no hay espacio en los anaqueles ni competidor dormido. Ya no hay tontos, todos hemos elevado nuestro nivel de astucia gracias a la información y al sagrado internet. Tenemos información en tiempo real y podemos encontrar clientes, proveedores y productos en cualquier rincón del planeta y venderlo en la tiendita de la esquina al precio más bajo del mercado.

Tenga cuidado: "El mundo no está de cabeza, el problema es que usted piensa al revés".

Hoy muchas empresas no necesitan fabricar lo que venden. Pueden comprar la materia prima en un país, diseñarlo en otro y fabricarlo en otro y venderlo en cualquier otro y no en el suyo, sentados en una oficina de 10 metros cuadrados. Si mi abuelo Marcelo viera cómo hoy se manejan los negocios no lo entendería, ya que él creció en la tienda de la esquina en su querida Italia.

> Lo que no produce dinero son sus ideas, no su negocio

Hoy los empresarios de nuestros días han aprendido que la riqueza no se alcanza mejorando lo que hacen, sino cambiando lo que hacen. La riqueza surge de la transformación, no de la perfección. Si usted tiene calidad no significa que tendrá éxito, pero si no la tiene seguro fracasará. Lo mismo le sucede con el servicio.

## El poder de lo intangible

Las empresas son constructoras de formas intangibles que logran vender a través de productos que son en esencia tangibles. Los productos tangibles son fáciles de copiar e imitar, por lo que su impacto diferenciador es casi imperceptible: diario será atacado por un hermano gemelo inventado por su competidor. Pero no le sucede así al impacto emocional que produce un producto en la persona, como una Barbie, un BMW o un Maquiatto doble con crema.

Por ello, debe tener presente que usted está compitiendo frontalmente en precio y en promociones para conservarse en el mercado. Pero su éxito proviene de las cosas diferentes que haga, ya sea en productos o en el diseño de su propia empresa para despertar las emociones de compra del consumidor. Así lo hizo Autofin, diseñando una empresa financiera en el mundo automotriz.

En el mundo de la saturación de productos es necesario que usted compita consigo mismo. Destruya su éxito y construya uno nuevo. Debe hacer obsoletos sus productos, sus servicios, su distribución y construir uno mejor.

En este mundo saturado de competidores listos y que están alertas a nuevas tendencias es suicida querer proteger por siempre el éxi-

> **Ponga en su mercado menos permanentemente**

to de su producto estrella, o de su servicio inigualable que tanto dinero le ha dado por años. Indefectiblemente tarde o temprano será copiado y mejorado.

## Consejo de consultor

En mis 32 años como consultor de empresas, nunca había experimentado un cambio tan profundo del mercado como el que hoy vivimos. Le aconsejo que analice con detenimiento cada uno de los 19 modelos estratégicos que le describí. Todos ellos han sido tomados de mis intervenciones personales con presidentes de empresas, fundadores de enormes consorcios empresariales e instituciones de gobierno, secretarías, gobiernos de estados, asesorías a pequeños emprendedores y comerciantes en más de 14 países, e incluso la Presidencia de la República.

Mi consejo es que no espere encontrar una sola estrategia para resolver la enorme complejidad de nuestro mercado globalizado. Cuando ayudo a los empresarios a mejorar sus empresas o a salir de caídas verticales de utilidades o de ventas, la solución no la encuentro mágicamente, ni la identifico en una sola decisión. Está en varias acciones acertadas, que se descubren al aplicar modelos estratégicos *adhoc* en el mercado en que se encuentra mi cliente. Muchos cambios están no sólo en la estrategia de mercado, sino también en el diseño de empresa que tienen y en el tipo de organización que practican. El diseño de la organización es clave para soportar la estrategia en un mercado que se comporta muy diferente.

No olvide que no hay empresas malas: lo que hay son estrategias equivocadas que no están alineadas con las nuevas exigencias del mercado. Su negocio no ha dejado de ser negocio, el problema es que su modelo estratégico está desgastado. Lo que no produce dinero son sus ideas, no su negocio. No quiera visualizar el mercado con ideas viejas que no corresponden a la nueva realidad del mercado, ni intente describir la nueva realidad con paradigmas viejos. Recuerde: hágales caso a los antiguos conquistadores que venían en sus galeones a conquistar nuevos mundos. Decían: "No se puede conquistar tierras nuevas con mapas viejos". No olvide que puede ir a toda velocidad, pero con un mapa equivocado, la velocidad no lo salvará y, al contrario, se perderá cada día más.

El secreto está en su mapa mental con el que define su estrategia.

---

**CONSEJOS PARA SU CRECIMIENTO**

1. Ponga en su mercado nuevos productos permanentemente.
2. Diseñe servicios que estimulen las emociones y creen un verdadero valor agregado.
3. Sature su mercado. No deje rincón de su ciudad, de su estado o de su país sin su presencia.
4. Diseñe un sistema de renovación y de innovación permanente.
5. Sea un líder en costos en su segmento.
6. Aplique estrategias que verdaderamente revolucionen su mercado.
7. Tenga la mejor gente con usted.

---

# Cómo aplicamos en las empresas las estrategias explicadas en este libro

Cuando la empresa necesita encontrar nuevos caminos, porque su mercado ha cambiado dramáticamente y estaré sintiendo el impacto de los competidores, realizamos dos tipos de talleres: talleres de "innovación progresiva" y talleres de "innovación alteradoras".

El verdadero cambio estratégico de las organizaciones lo realizamos a través de procesos evolutivos de innovación con talleres, donde los ejecutivos diseñan físicamente la nueva estrategia y la presentan al consejo para su validación. Los talleres de innovación son verdaderos cuestionamientos profundos de las raíces de las empresas.

Se analizan más de 25 modelos estratégicos, que aplican las empresas de éxito en México y en el mundo. Se identifican las estrategias más indicadas para el perfil de la organización, la gravedad y la urgencia en la que se encuentra la empresa por pérdidas de ventas, utilidades o participación del mercado, etc. Luego acompañamos a la organización para diseñar el proceso de aplicación de las innovaciones obtenidas en los talleres. Nuestros talleres son verdaderos encuentros con la imaginación y la creatividad, para aquellos ejecutivos que conocen el negocio, el mercado y sus competidores. En estos talleres, su mente cambian para siempre.

*Haga de su mente un gran negocio
o haga un gran negocio con su mente*

BORGHINO CONSULTORES
mario@#borghino.com.mx
www.borghino.com.mx
(5)5534-1925
México, D.F.